RECUEIL COMPLET
des Groupes, Statues, Bustes, Termes &c.
ainsi que des Perspectives monumentales de Versailles,
en gravure lithographique.
publié par Vaysse de Villiers
Auteur du Tableau descriptif, historique & pittoresque
de la Ville, du Chateau et du Parc de
Versailles.

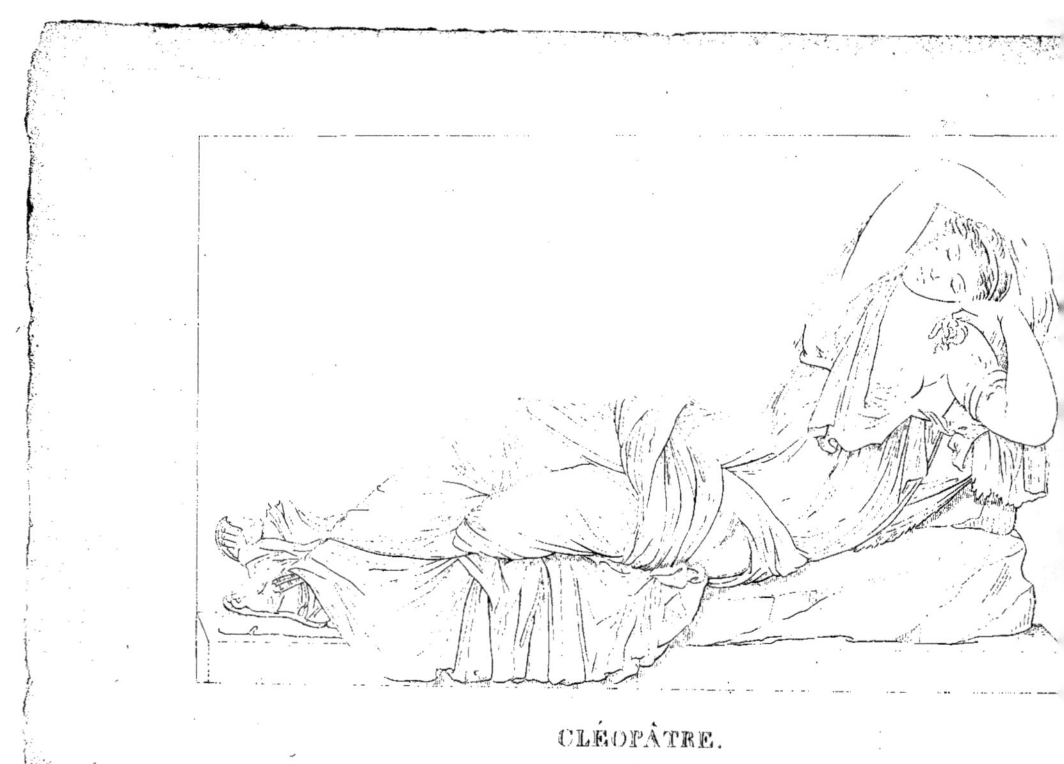

CLÉOPÂTRE.

Monumens de Versailles

Prospectus.

Le succès de la première édition du Tableau descriptif de Versailles est d'un heureux augure pour celui du Recueil des Planches qui en accompagne cette année la seconde Édition. Ce précieux Recueil n'existe point, ou du moins n'existe plus, d'après les nombreux changemens opérés dans le Parc, depuis le règne de Louis XIV, sous lequel fut publiée la Collection de Thomassin. Il était un temps de le renouveler, au bout de près d'un siècle et demi, soit parcequ'elle a cessé d'être exacte, soit parcequ'elle est des longtems épuisée.

C'est aussi un Muséum de Sculpture que le Parc de Versailles. S'il diffère de celui du Louvre, en ce qu'il est moins riche en originaux antiques, il l'est d'avantage en originaux modernes, en Chefs d'œuvres de notre propre école, et les copies même de l'antiquité y sont d'une beauté qui les assimile presque à des originaux.

Les trois premières Livraisons qui viennent de paraître et dont on n'admire pas moins la belle exécution que l'extrême bon marché ont déjà prouvé que l'art n'a pas dégénéré depuis le grand siècle. Ce Recueil l'emportera de beaucoup sur celui de Thomassin, dont les graves incorrections ne permett[ent] pas de le prendre pour modèle.

Il sera exécuté au trait en Gravure Lithographique, comme les trois Livraisons déjà publiées. Les Vues seront au nombre de dix-huit à vingt; les Figures seront isolées qu'en Groupes, au nombre de plus de 300, et les Livraisons au nombre de douze (à 2f 50 chacune, en papier vélin ordinaire, en papier honoraire.) La quatrième et la cinquième paraîtront dans le courant du mois de 1828, la sixième dans le mois ~~~~~~~~ suivant, et les six autres de mois en mois sans interruption, pour ce que le moindre temps que a déjà si souvent entravé les travaux des Dessins n'occasionne pas encore de nouveaux retards, lesquels, dans tous les cas, ne pourraient être bien considérables.

On souscrit à Paris, Chez Audin, Libraire, Quai des Augustins, N. 25)
Ladvocat, Libraire, Palais Royal;
Giraldon Bovinet, Md. d'Estampes, Galerie Vivienne, [...]

à Versailles, Chez Charbonneau, Libraire, rue Royale, N° 3;
Barrevouil Cambont, Avenue de St Cloud, N° 15.
Et aux Bureaux des Parisiennes.

Les Souscriptions donneront lieu à une remise de 20% et seront fermées aussitôt après la publ[ication]
de la sixième Livraison.

Le Tableau descriptif de Versailles, servant de Texte, se vend séparément aux mêmes [adresses]
à 3f 50 et 3f pour les Souscripteurs.

RECUEIL COMPLET

DES

MONUMENS ET PERSPECTIVES
DE VERSAILLES,

PUBLIÉ PAR VAYSSE DE VILLIERS,

MEMBRE DE DIVERSES ACADÉMIES, AUTEUR DU TABLEAU DESCRIPTIF DE VERSAILLES SERVANT DE TEXTE A CE

RECUEIL, ET DE L'ITINÉRAIRE DESCRIPTIF, HISTORIQUE ET PITTORESQUE DE LA FRANCE.

PARIS.

VERSAILLES.

M. LE POITEVIN, ARCHITECTE, RUE DU RÉSERVOIR, HOTEL DU GOUVERNEMENT.

M. DCCC. XXX.

IMPRIMÉ CHEZ PAUL RENOUARD, RUE GARENCIÈRE, Nᵒ 5. F. S.-G.

AVIS DE L'ÉDITEUR.

Le succès de la première édition du *Tableau descriptif de Versailles* était d'un heureux présage pour celui du recueil des planches qui en accompagne la seconde édition, et le présage s'est réalisé. Ce précieux recueil n'existait point, ou du moins n'existait plus, d'après les nombreux changemens opérés dans le parc depuis le règne de Louis XIV, sous lequel fut publiée la collection de Thomassin. Il était bien temps de la renouveler, au bout d'un siècle et demi, soit parce qu'elle a cessé d'être exacte, soit parce qu'elle est dès long-temps épuisée soit encore parce que l'auteur était resté bien au-dessous de son sujet.

C'est aussi un muséum de sculpture que le parc de Versailles : s'il diffère de celui du Louvre en ce qu'il est moins riche en originaux antiques, il l'est davantage en originaux modernes, en chefs-d'œuvre de notre propre école ; et les copies même de l'antique y sont d'une beauté qui les assimile presque à des originaux.

Ce recueil, exécuté au trait, et en gravures lithographiques, n'a pas eu de peine à l'emporter sur les gravures ombrées de Thomassin, dont les incorrections nombreuses et l'extrême médiocrité repoussaient toute idée de les prendre pour modèles, et dont plus d'une moitié d'ailleurs représente aujourd'hui des sujets qu'on ne voit plus dans le parc, où l'on en trouve aussi beaucoup qu'on chercherait en vain dans la collection de ce graveur. On en peut dire autant du grand et beau recueil in-folio de Lebrun, qui, n'ayant jamais été terminé, est encore plus incomplet.

A cet égard, notre collection ne l'emporte pas moins sur celle de Lebrun que sur celle de Thomassin, puisqu'on ne trouve ni cl ni ailleurs, et l'ensemble, et l'état actuel des figures du parc, dont nous publions nous-même la totalité, à la seule exception de q statues, en très petit nombre, reconnues, soit par leur mutilation, soit par leur faible exécution, indignes d'être reproduites, ou ne p l'être sans des corrections majeures, qui en eussent détruit la ressemblance.

Quant aux vases, la profusion de ce genre d'ornement dans les jardins de Versailles et de Trianon pouvait, en grossissant le outre mesure, engendrer la monotonie et la satiété ; c'est ce qui nous a décidé à n'en faire graver que les plus beaux, mais en sou notre choix au jugement des artistes, de manière à être assuré d'avance du suffrage de tous les connaisseurs, et à ne leur rien à regretter sous ce rapport.

Nous avons tâché de ne laisser rien à désirer, d'un autre côté, dans le petit volume in-18 qui, sous le titre de *Tableau des historique et pittoresque de la ville, du château et du parc de Versailles*, sert de texte à ce recueil, dont chaque planche port effet, en tête et en petit titre placé sur la droite, l'indication de la page où elle se trouve décrite.

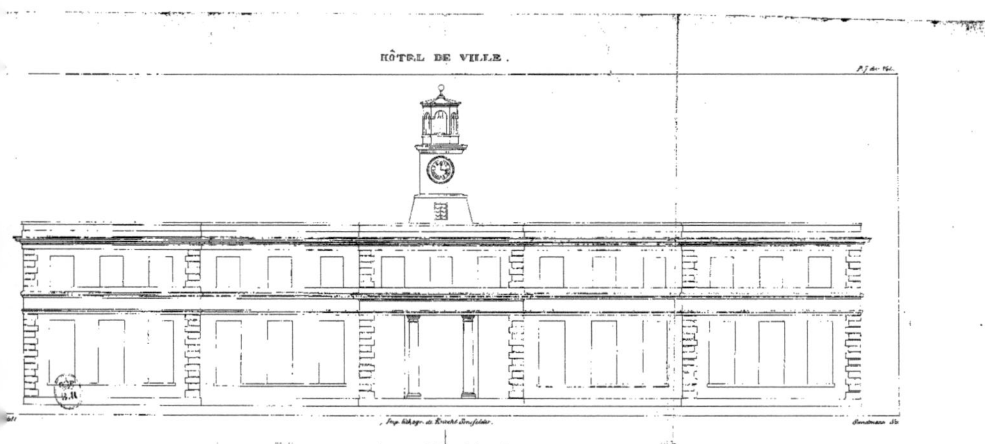
HÔTEL DE VILLE.

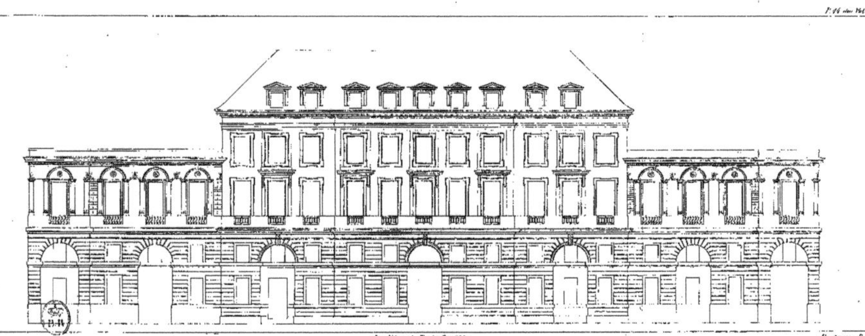

Imp. lithogr. de Knecht Kreutzberger.
GYMNASE.

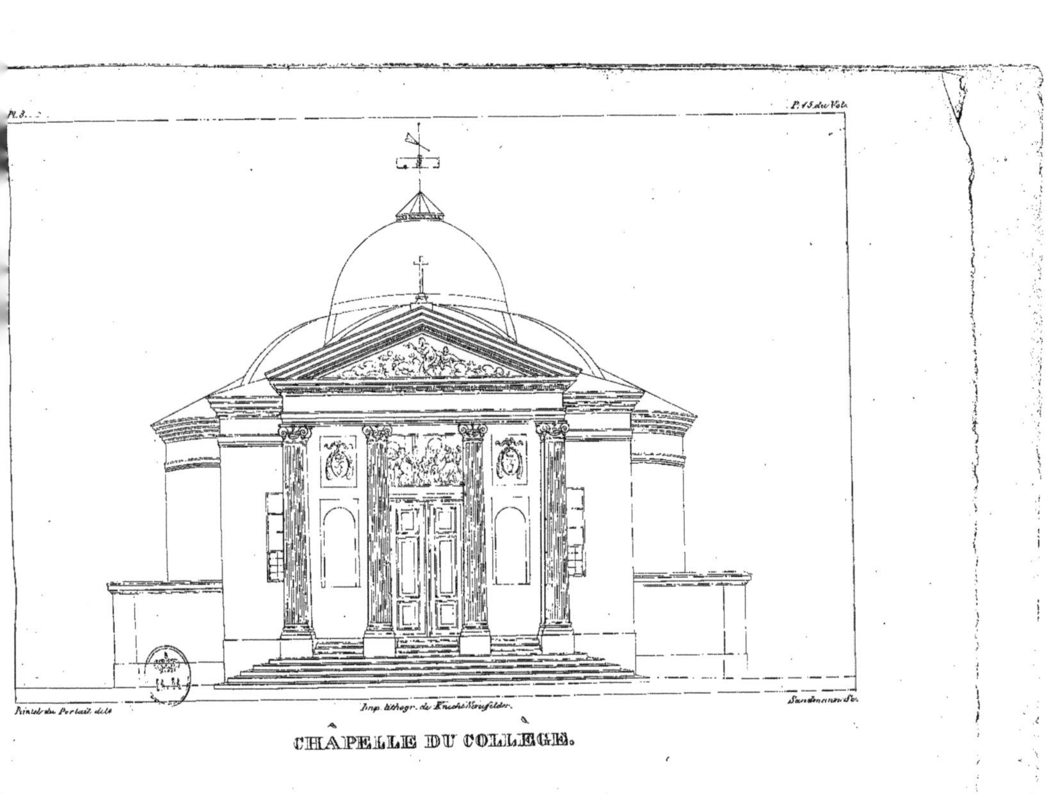

CHAPELLE DU COLLÈGE.

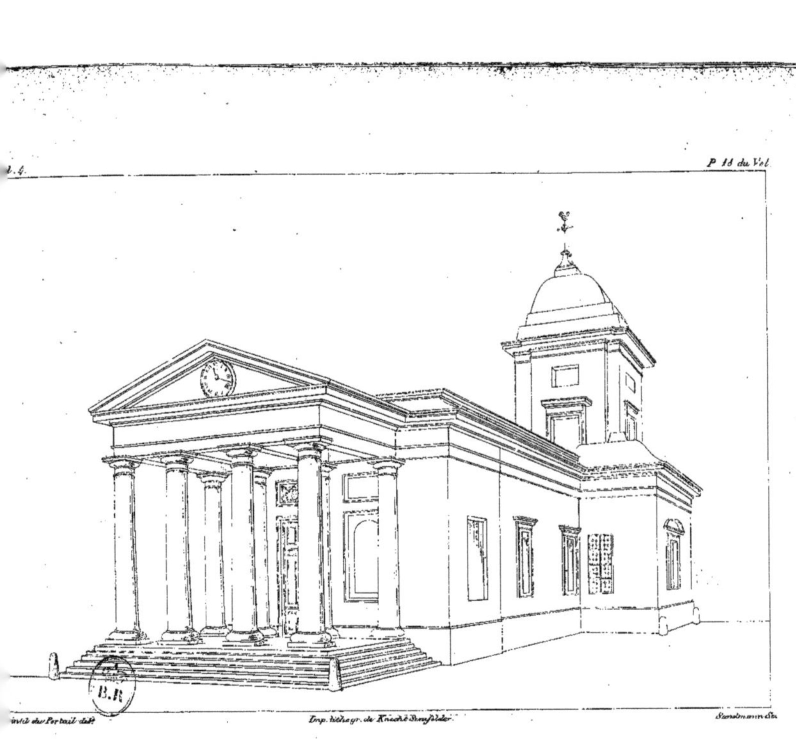

S.t SYMPHORIEN.

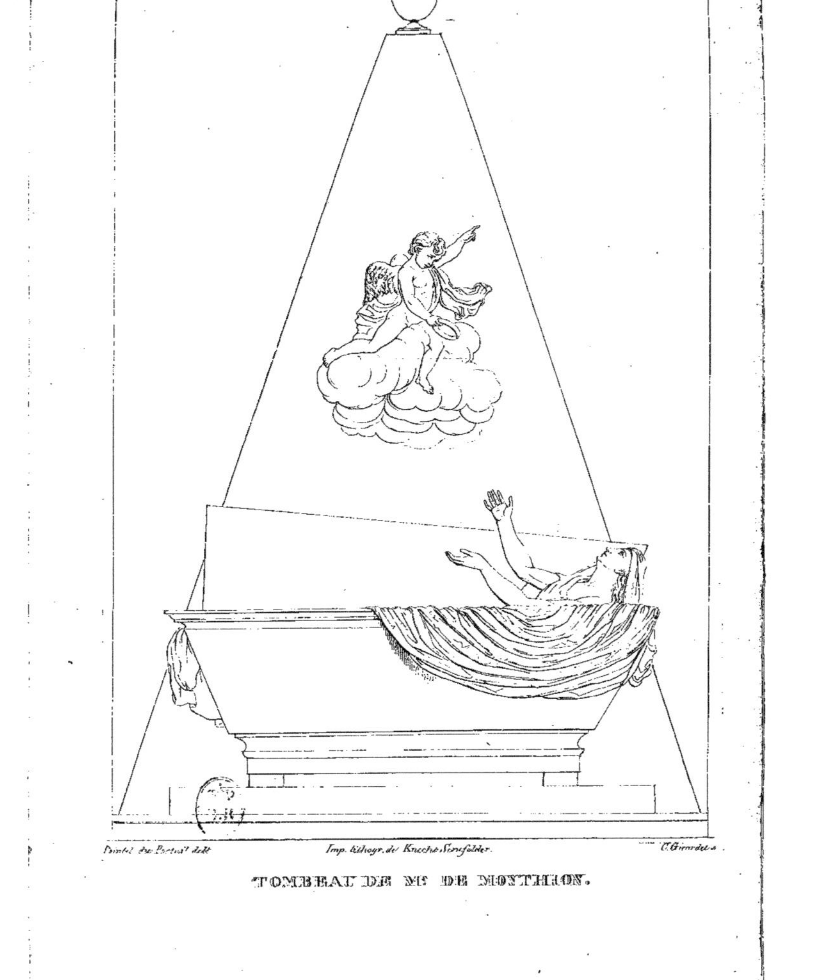

TOMBEAU DE Mᵉ DE MOYTHON.

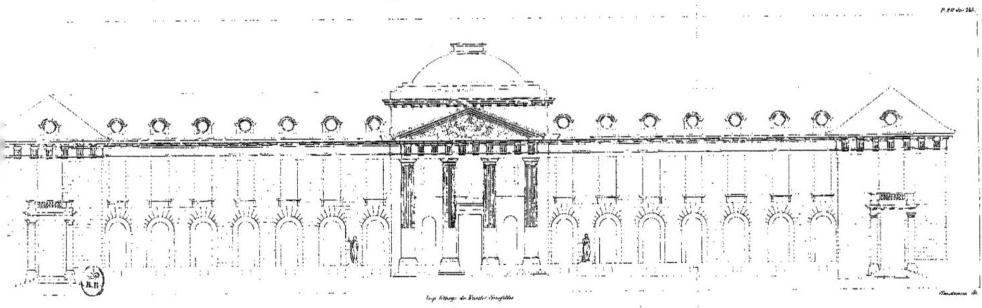

L'HÔPITAL.

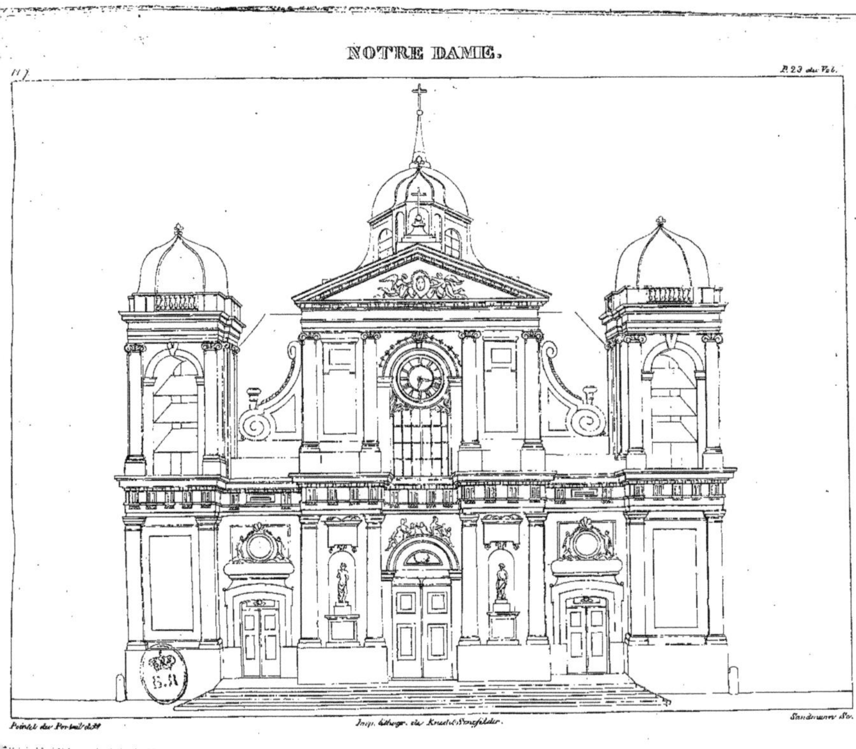
NOTRE DAME.

TOMBEAU DE M. DE VERGENNES.

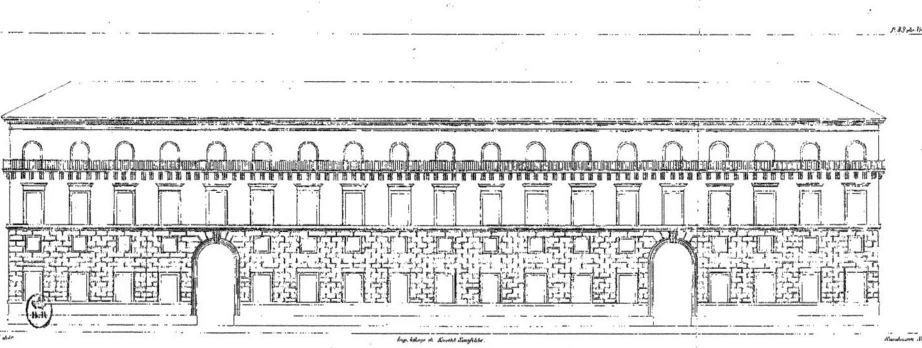

MAISON DE LA RUE DU POTAGER.

St LOUIS.

inlel du Portail delt.
Imp. litho.gr. de Knecht Senefelder.
Chevalier Sc.

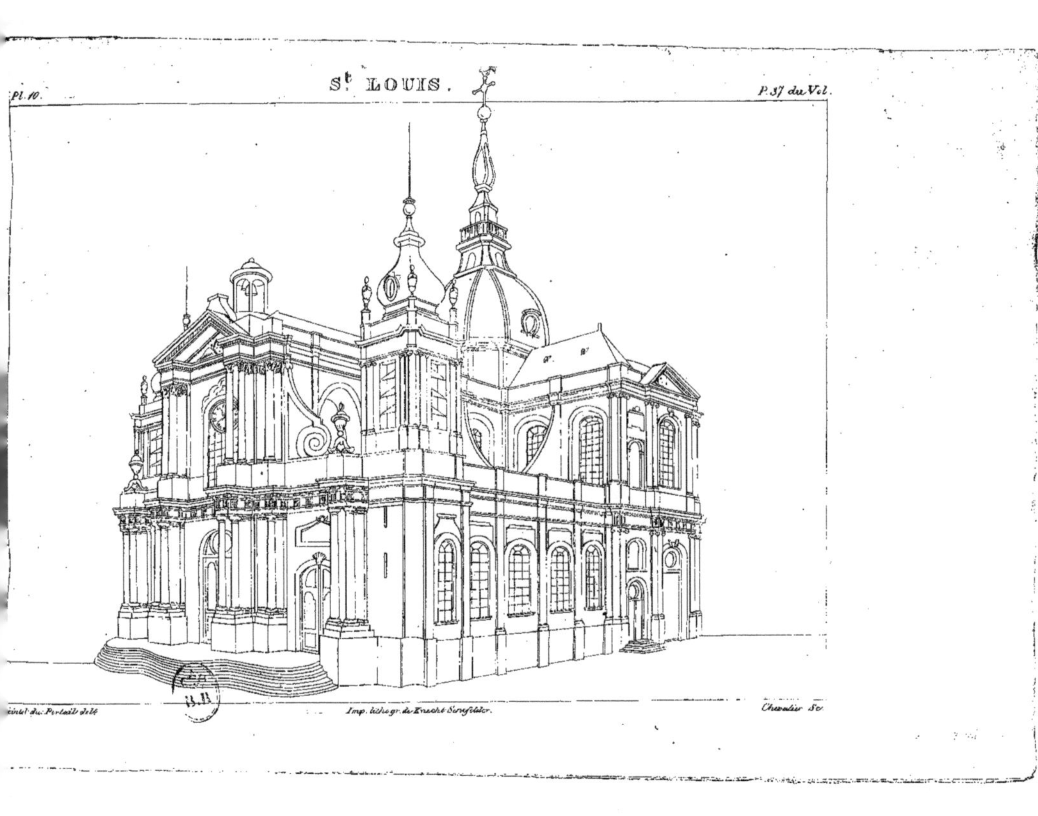

Peintre du Portail del.t   Imp. lithogr. de Knecht Senefelder.   Girardet Sc.

MAUSOLÉE
du Duc de Berry.

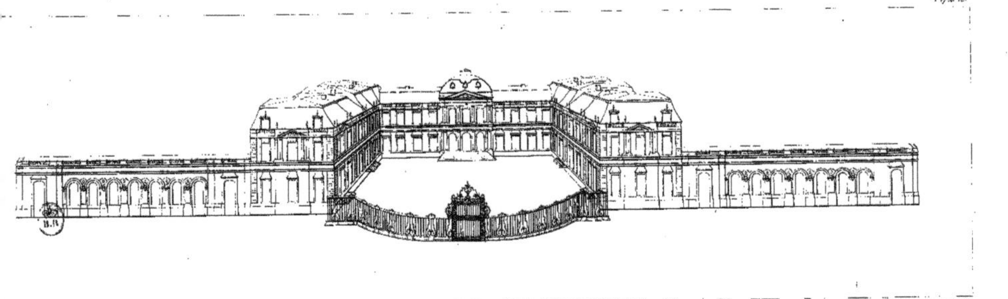

CHÂTEAU DE CLAGNY.

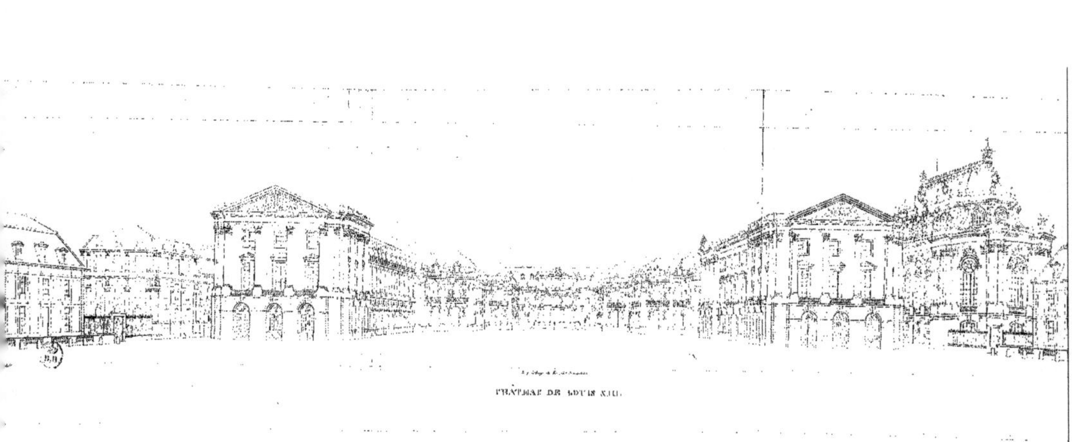

CHÂTEAU DE LOUIS XIII.

P. 75. du Vol.
Sandmann Sc.

PETITES ÉCURIES DU ROI.

Pradel du Portail del.

Imp. lithogr. de Knecht Senefelder.

Girardet sc.

GROUPES

de la grille d'entrée.

CHÂTEAU DE LOUIS XIV.

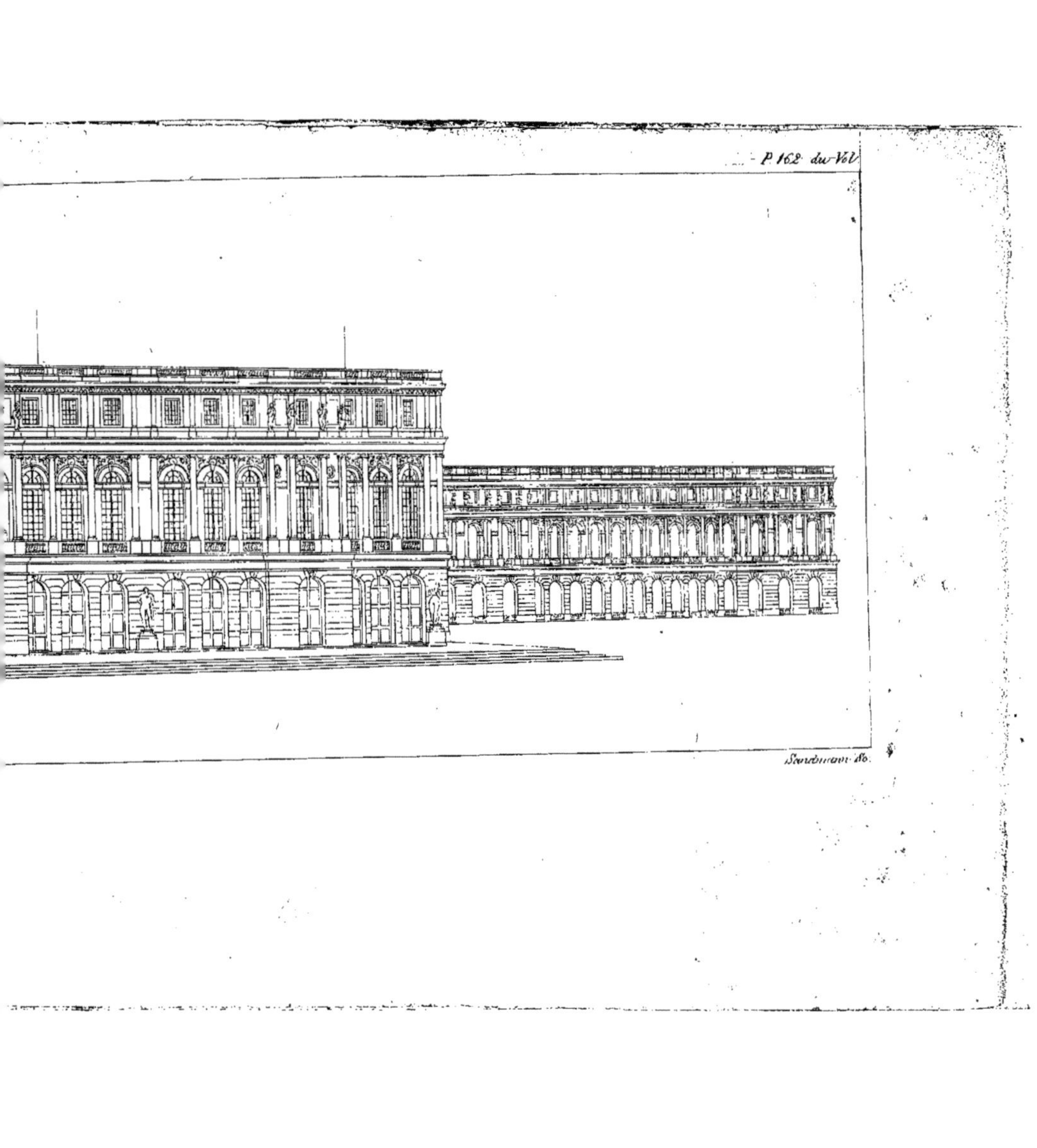
P. 162. du Vol

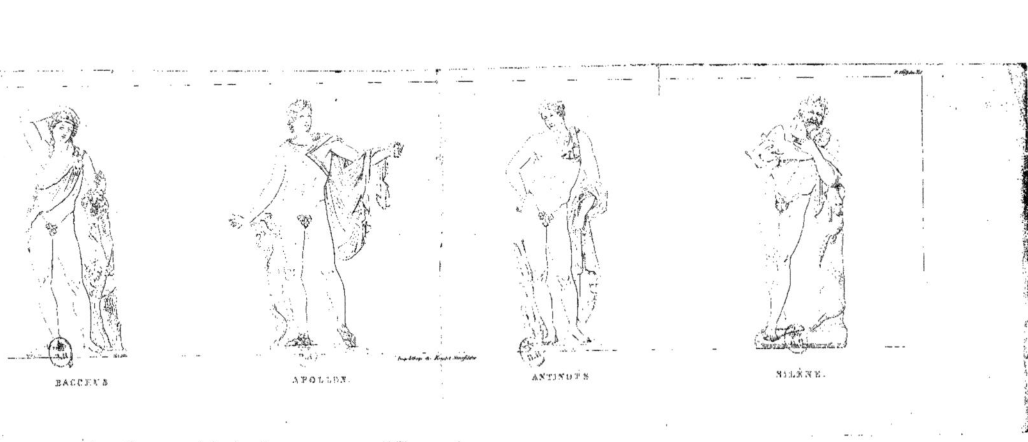

BACCHUS.
APOLLON.
ANTINOÜS.
SILÈNE.

VASE DE LA TERRASSE DU CHÂTEAU DU CÔTÉ DU MIDI,   VASE DE LA TERRASSE DU CHÂTEAU DU CÔTÉ DU NORD,

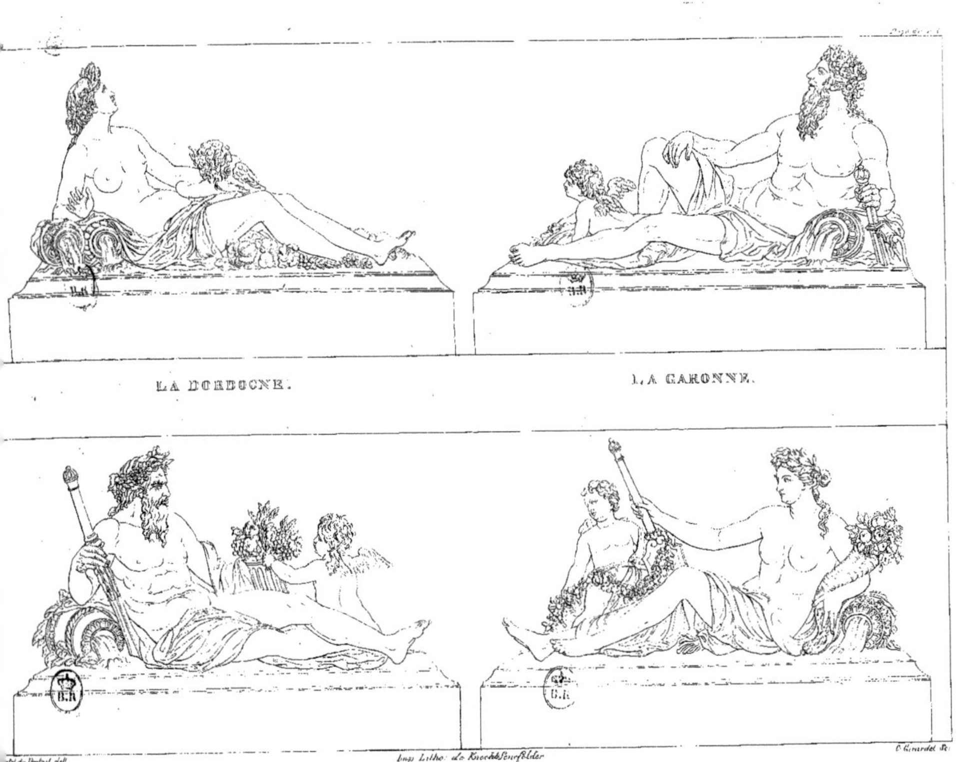

LA DORDOGNE.
LA GARONNE.
LA SEINE.
LA MARNE.

Jules Carl del.   Imp. Lithog. de Knecht et Schneider.   C. Gérard sc.

NYMPHES

du bassin septentrional du parterre d'eau.

GROUPES D'ENFANS.

du Bassin Septentrional du Parterre d'Eau.

GROUPES D'ENFANS.

du Bassin Méridional du Parterre d'Eau.

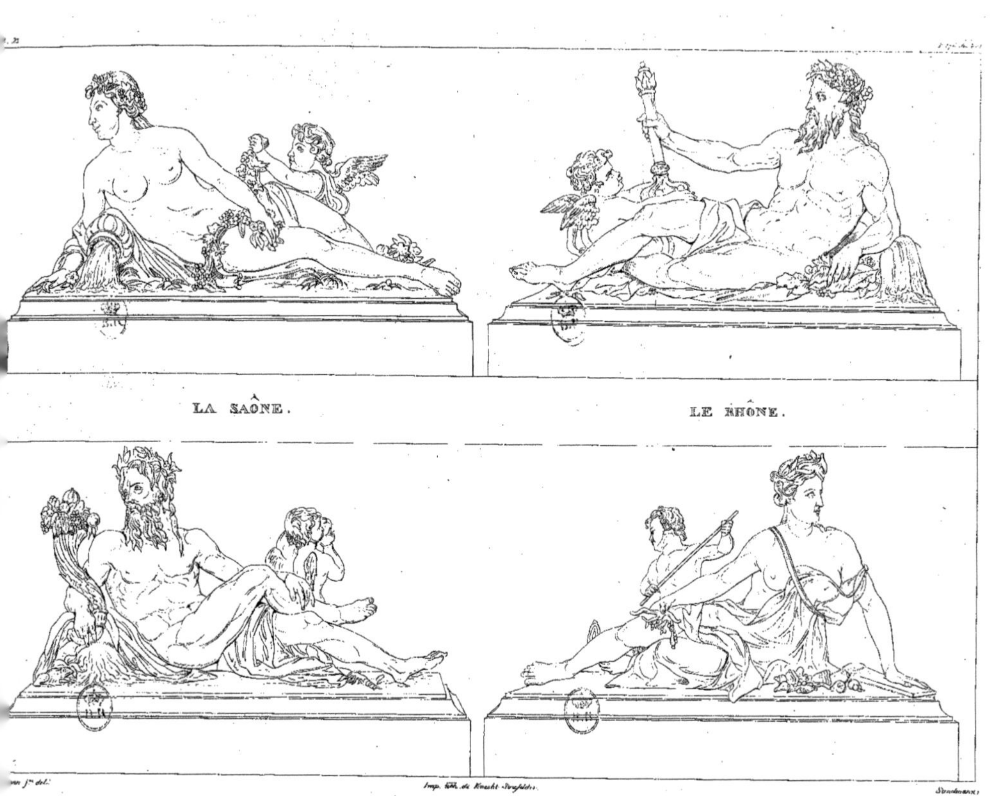

LA SAÔNE.   LE RHÔNE.

LA LOIRE.   LE LOIRET.

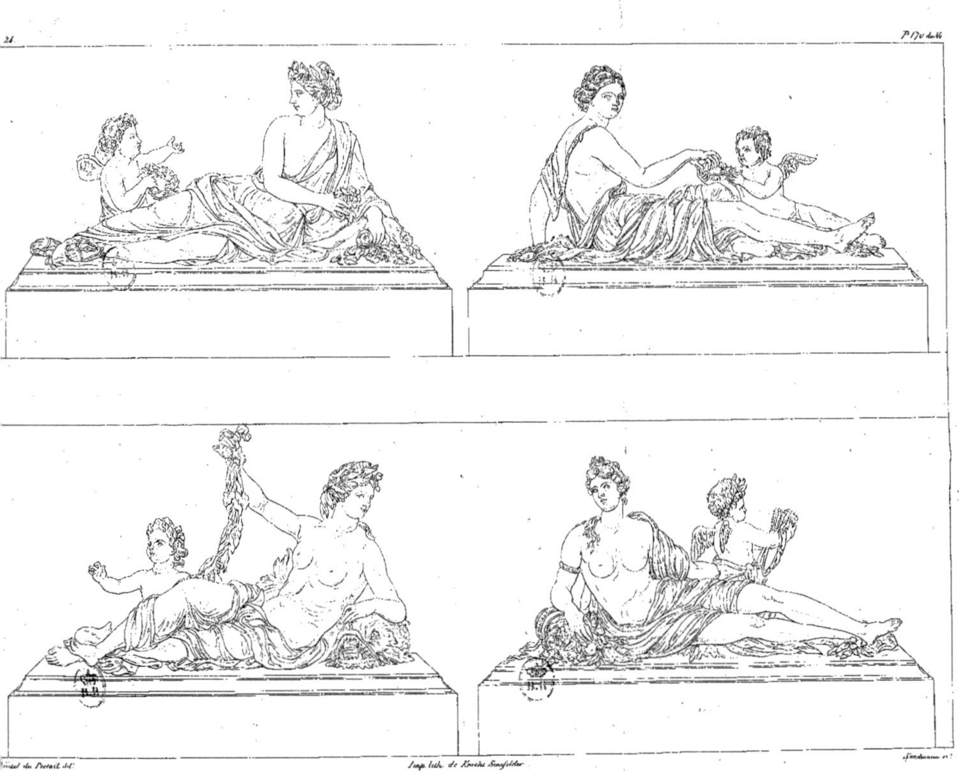

Dessiné du Portail del. Imp. lith. de Knecht Senefelder. Fonduemer sc.

NYMPHES
du bassin méridional du parterre d'eau.

GROUPES D'ENFANS.

du bassin méridional du parterre d'eau.

GROUPES D'ENFANS

du bassin méridional du parterre d'eau.

DIANE.

Imp. lith. de Arnaud Bousselier

FONTAINE DE DIANE.

VENUS.

L'EAU.
FONTAINE DU POINT DU JOUR
FLORE.

LE POINT DU JOUR. — 'L'AIR.

Pl. 176 et 185.
Lith. Sirouy Paris
CHOIX DES VASES DE BRONZE.

SPHINX.

placés sur la tablette méridionale du parterre d'eau.

CLÉOPÂTRE ou ARIANE.

MARCUS CURTIUS.

LOUIS XIV.

L'AURORE ET CÉPHALE.
VERTUMNE ET POMONE.
ZÉPHIR ET FLORE.
VÉNUS ET ADONIS.

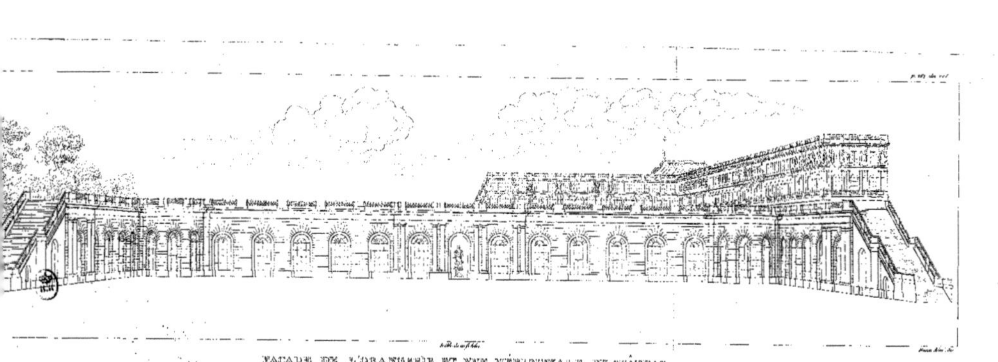

FAÇADE DE L'ORANGERIE ET VUE MÉRIDIONALE DU CHÂTEAU.

VÉNUS ACCROUPIE .   LE REMOULEUR .

BASSIN DE LA PIRAMIDE.

L'AUTOMNE.
L'AMÉRIQUE.
L'ÉTÉ.
L'HIVER.

Horace del
LE PRÊTRE SATYRIQUE.
L'ARTE.
Imp. Lith. de Bertis Grapfel dir
LE FLEGMATIQUE.
LE POÈTE HÉROÏQUE.
C. Geoandel sc

BASSINS DES COURONNES.

Imp. lith. de Benard et Frey.

BAS-RELIEF DES BAINS DE DIANE.

LE COLÉRIQUE.   LE SANGUIN.

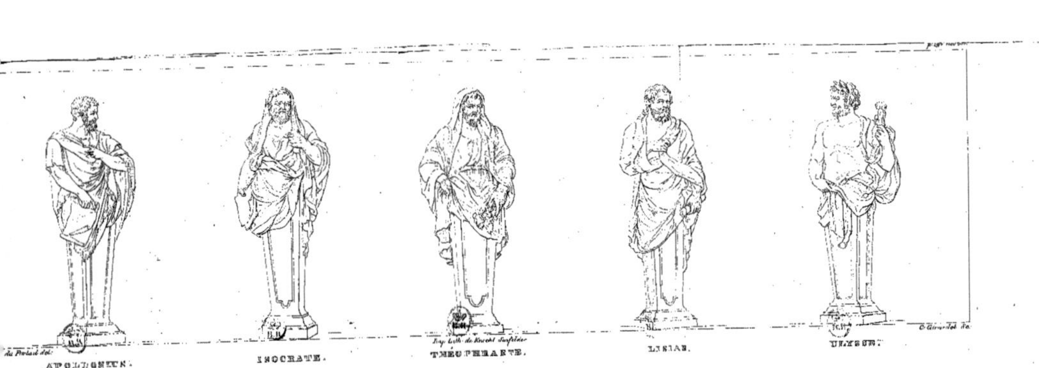
du Prolast del.
APOLLONIUS.
ISOCRATE.
Imp. lith. de Knecht Sarfelder
THEOPHRASTE.
LYSIAS.
ULYSSE.

L'EUROPE.
L'AFRIQUE.
LA NUIT.
LA VÉRITÉ.
LE POÈME PASTORAL.

GROUPES DE L'ALLÉE D'EAU.

GROUPES DE L'ALLÉE D'EAU.

CHOIX DES VASES DE PLOMB.

NEPTUNE ET AMPHITRITE.

PROTÉE.
L'OCÉAN.

Lith. de Senefelder.
Peint par Raphaël del.
DRAGONS.
de la pièce de Neptune.

FAUSTINE .

GROUPE .

BÉRÉNICE .

de la Renommée, écrivant l'histoire de Louis XIV.

GANIMÈDE. URANIE. BACCHUS.

JEUNE FAUNE.   TIGRANE.   LE MÉLANCOLIQUE.

LE POËME LYRIQUE.   LE FEU.   TIRIDATE.

VÉNUS CALLIPIGE.   MERCURE   URANIE.

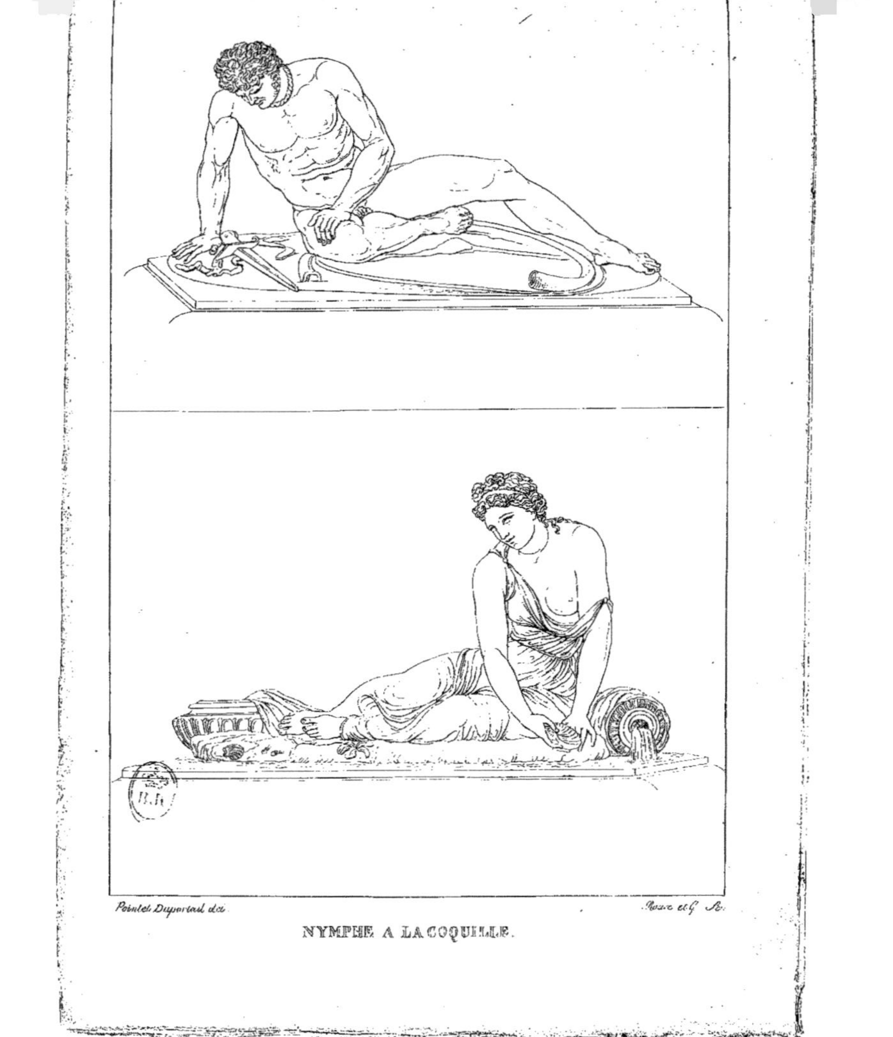

NYMPHE A LA COQUILLE.

DIOGÈNE.   CÉRÈS.

HERCULE.   BACCHANTE.   FAUNE.

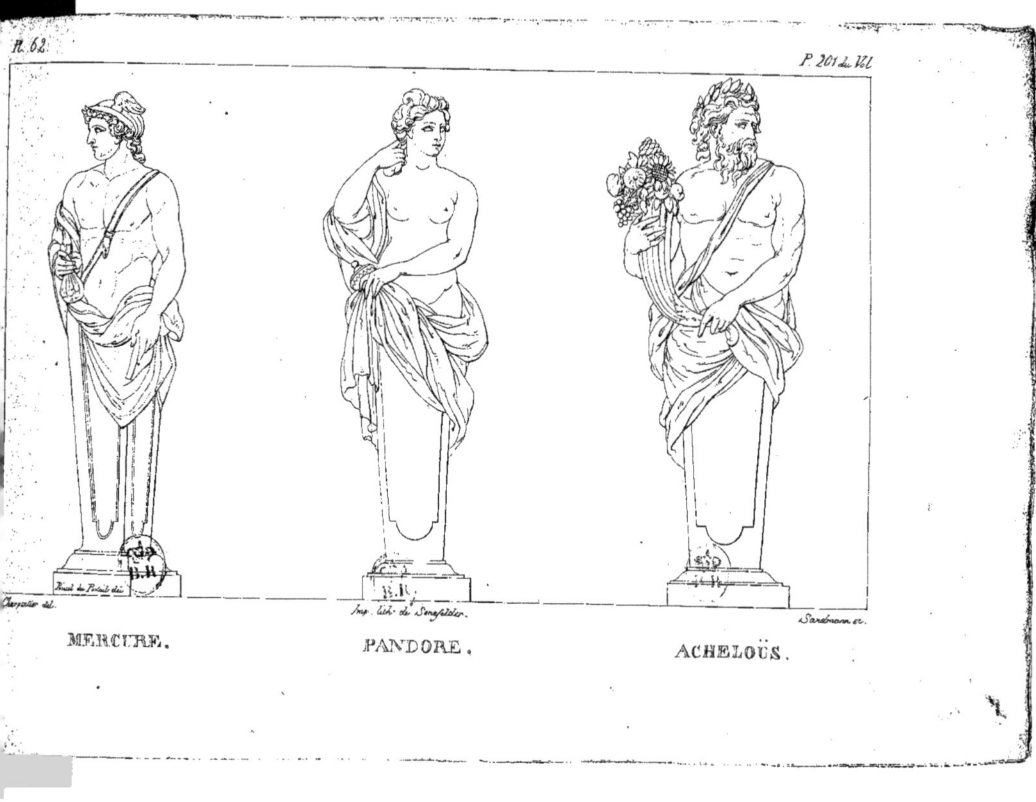
MERCURE.
PANDORE.
ACHELOÜS.

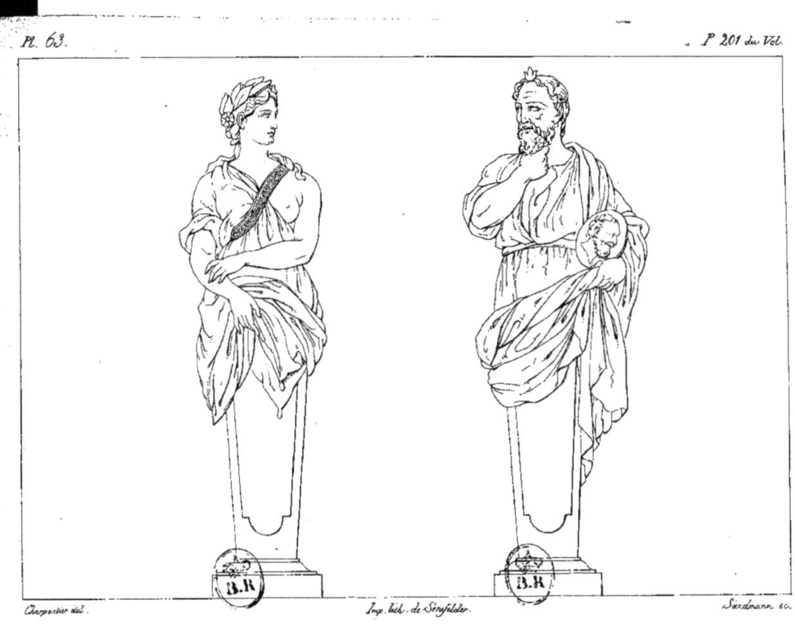

CIRCÉ .
PLATON .

CHOIX DE VASES.

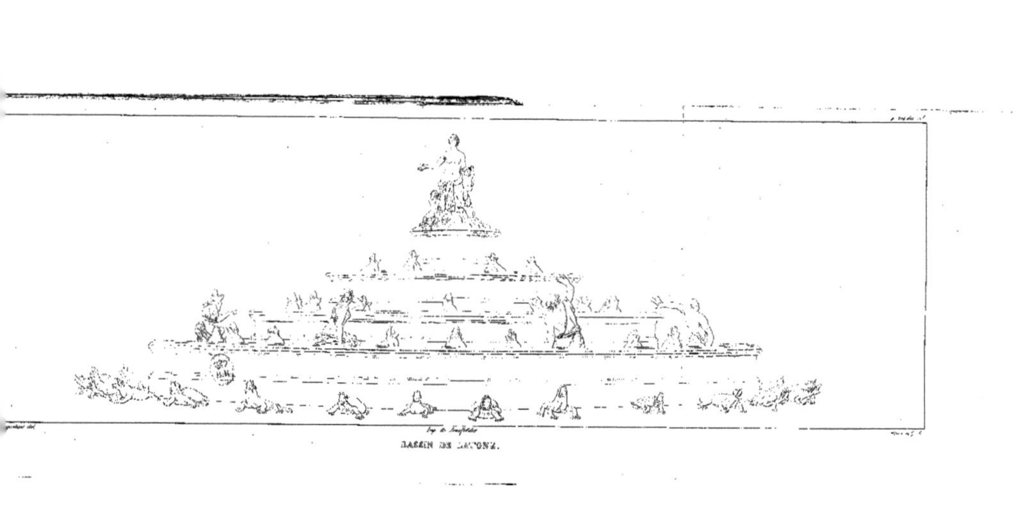

BASSIN DE LATONE.

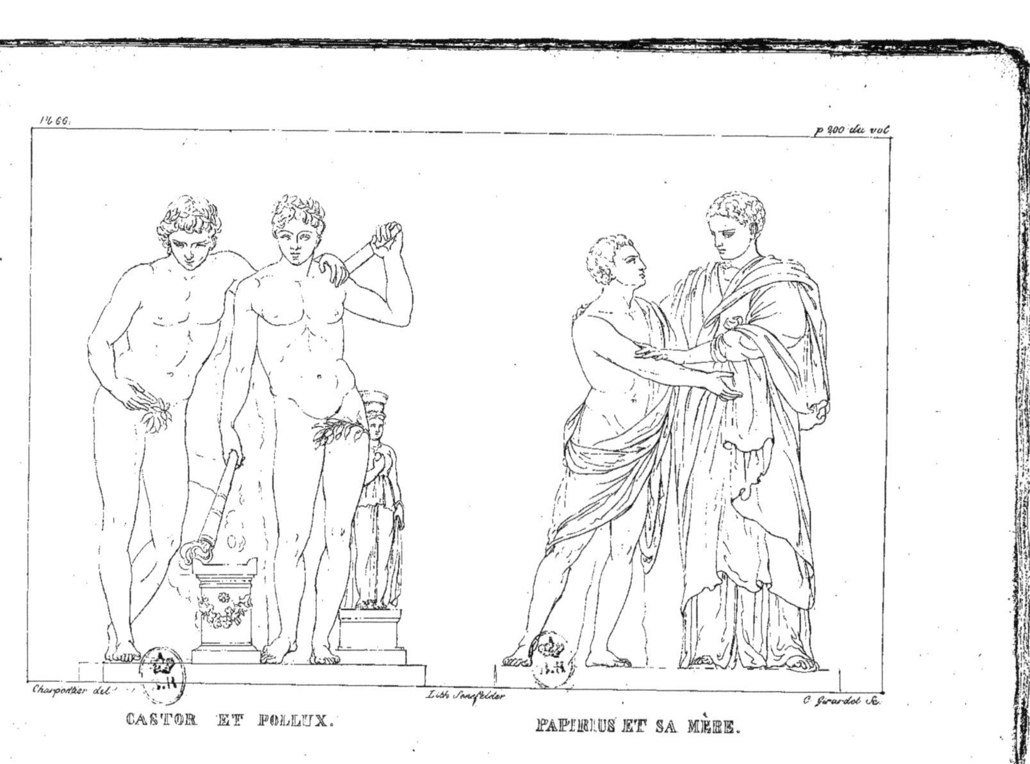

CASTOR ET POLLUX.

PAPIRIUS ET SA MÈRE.

ARIE ET PÉTUS

PERSÉE délivrant ANDROMÈDE

LA FIDÉLITÉ.

LA FOURBERIE.

VÉNUS.
Sortant du bain.

JUNON

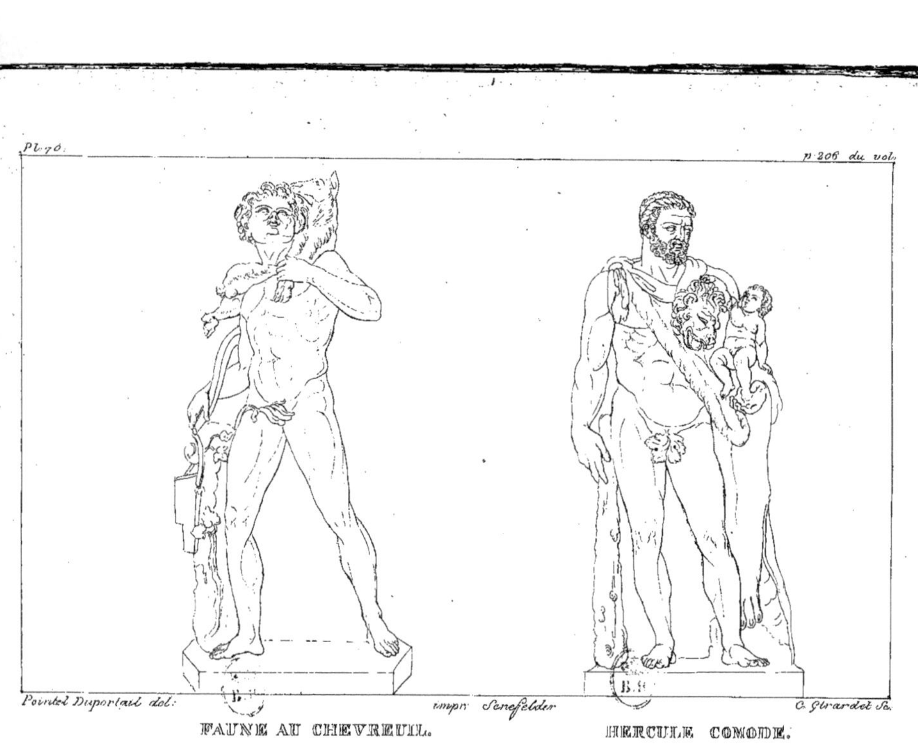

Pointel Duportail del.   impr. Senefelder   C. Girardet sc.

FAUNE AU CHEVREUIL.   **HERCULE COMODE.**

DIDON.

VÉNUS de MÉDICIS.

AMAZONE.   CYPARISSE.

ACHILLE
déguisé en fille.

ARTHEMISE.

CHOIX DES VASES DU TAPIS VERT.

Charpentier del.   Imp. Lith. de Sanefelder   C. Girardet Sc.

SATURNE OU L'HIVER.

Charpentier del.   Imp. Lith. de Senefelder   C. Girardet Sc.

BACCHUS OU L'AUTOMNE.

Charpentier del.

Imp. Lith. de Sonefelder.

C. Girardet Sc.

FLORE OU LE PRINTEMS.

CÉRÈS OU L'ÉTÉ.

CHAR D'APOLLON

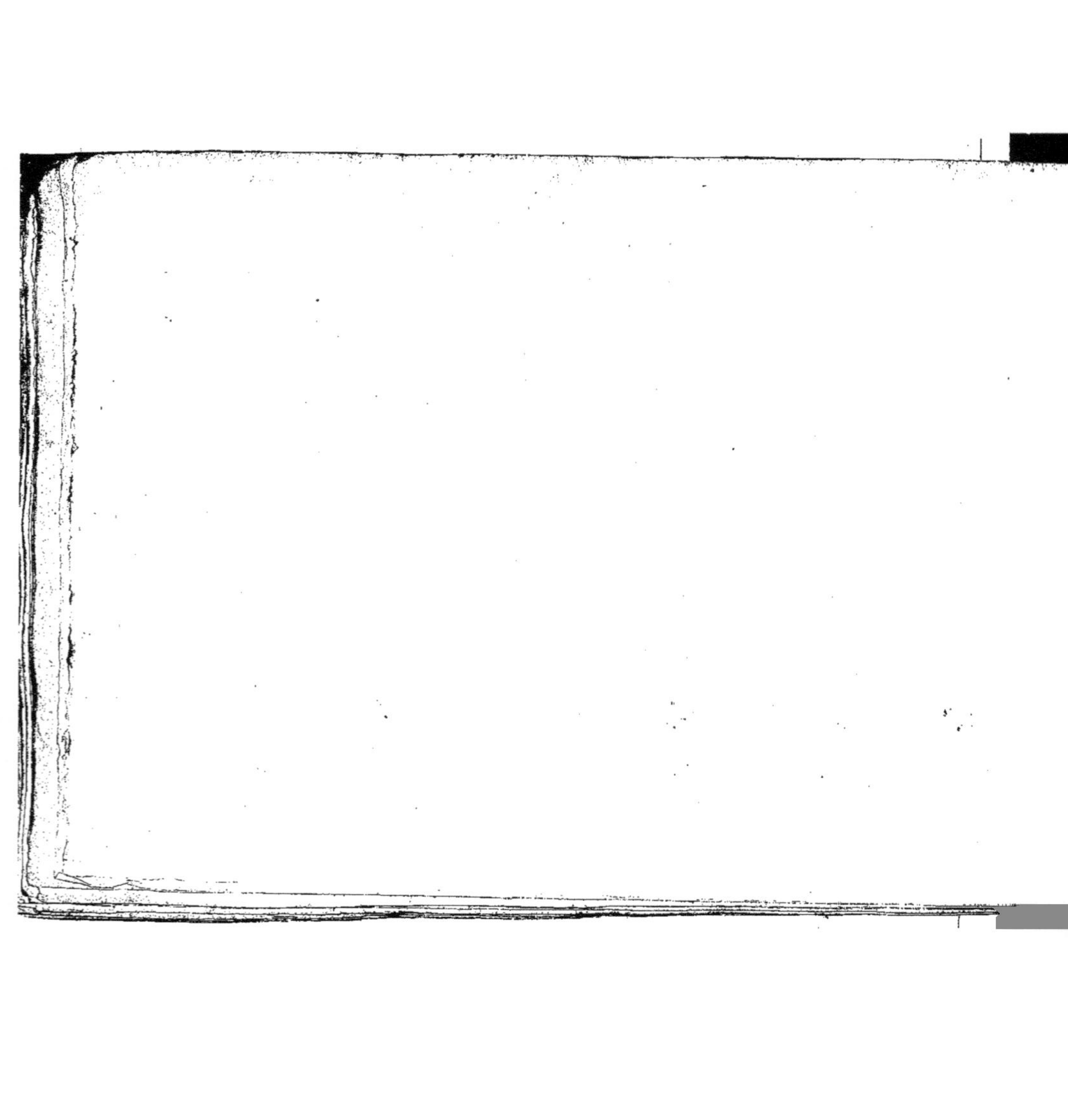

Charpentier del.

Imp. Lith. de Sinejelder.

Sandmann sc.

ARISTÉE ET PROTÉE.

INO ET MÉLICERTE.

JUNON.   JUPITER   LA NYMPHE SYRINX.

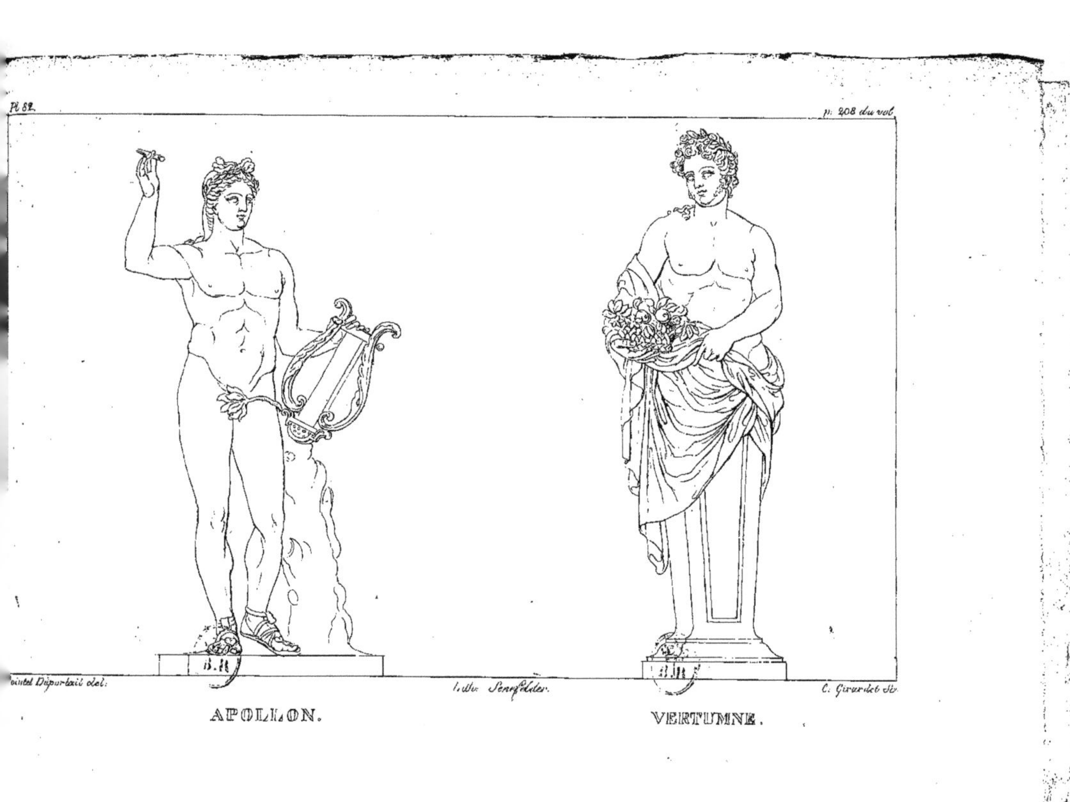

APOLLON.
VERTUMNE.

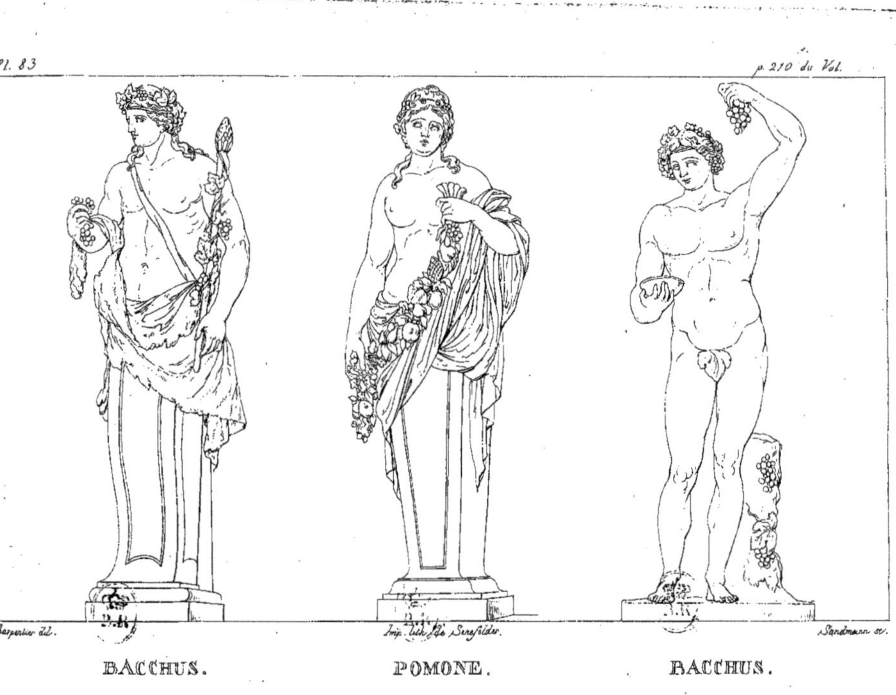

BACCHUS. POMONE. BACCHUS.

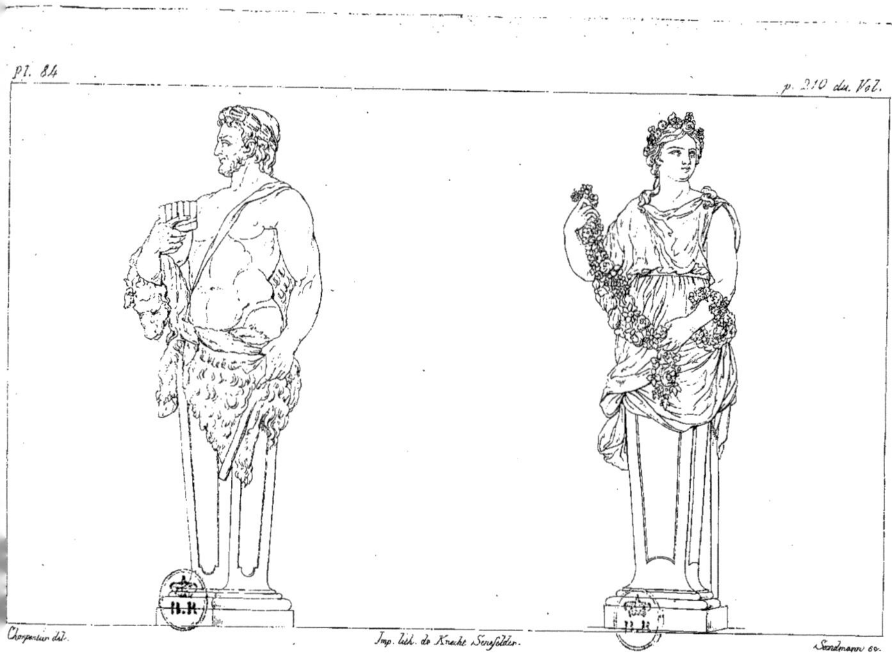

PAN.

FLORE.

Charpentier del.   Lith Senefelder.   C. Girardet Sc.

VASES ET COLONNE
du jardin du Roi

Pointel du Portail del.
C. Girardet Sc.
FLORE.

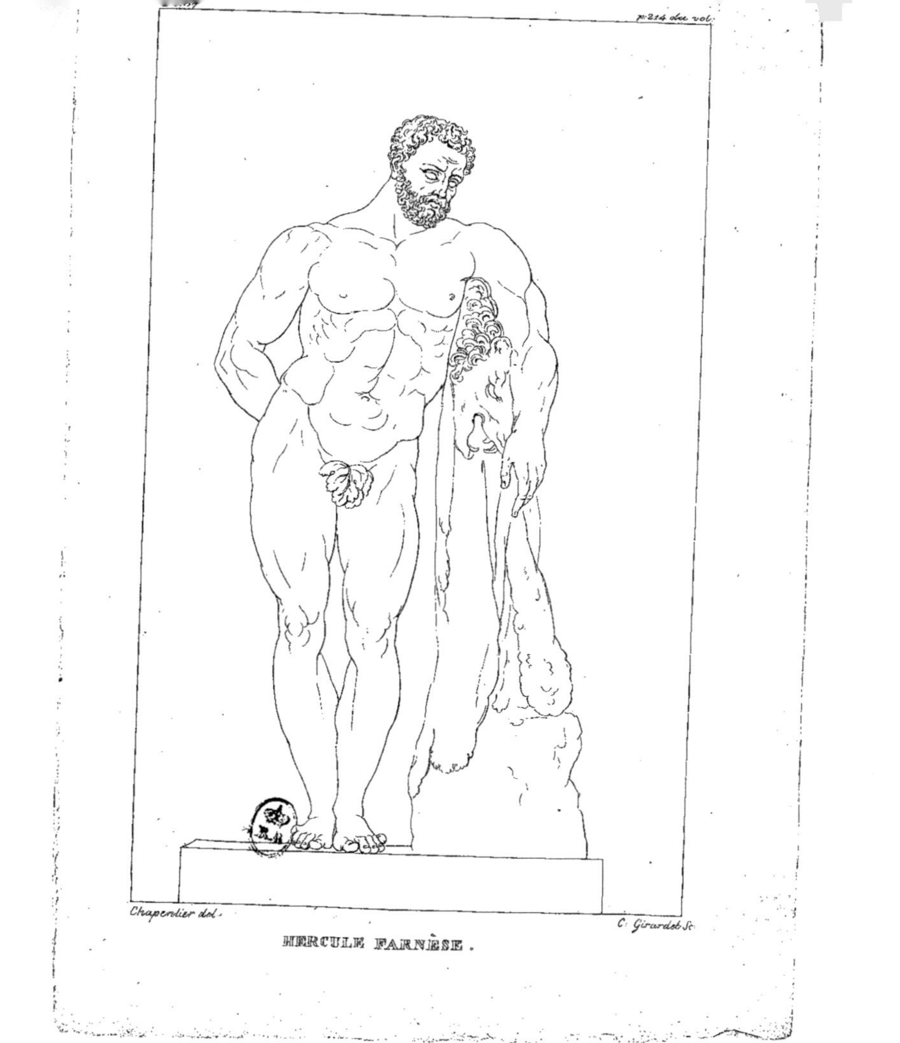

HERCULE FARNÈSE.

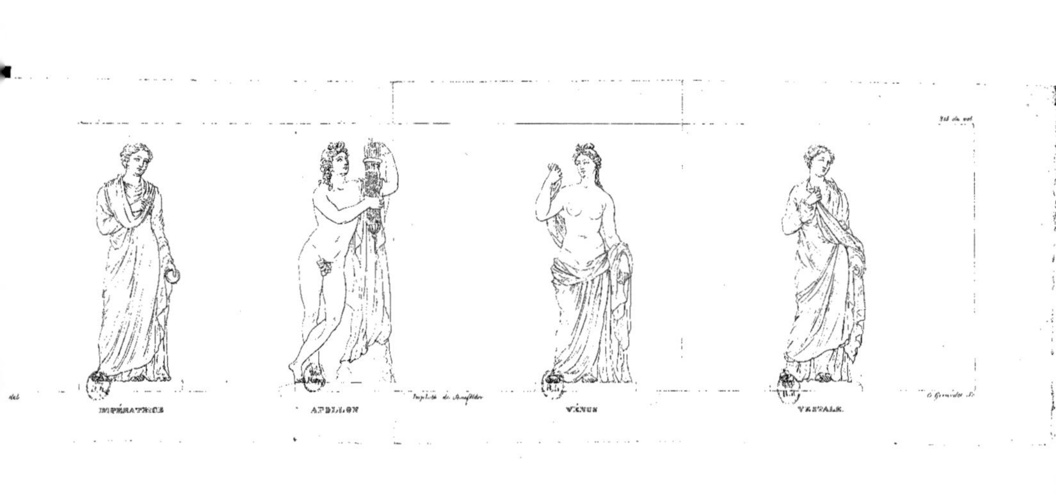

IMPÉRATRICE
APOLLON
Imp.-lith. de Senefelder
VÉNUS
VESTALE.
C. Gerardin Sc.

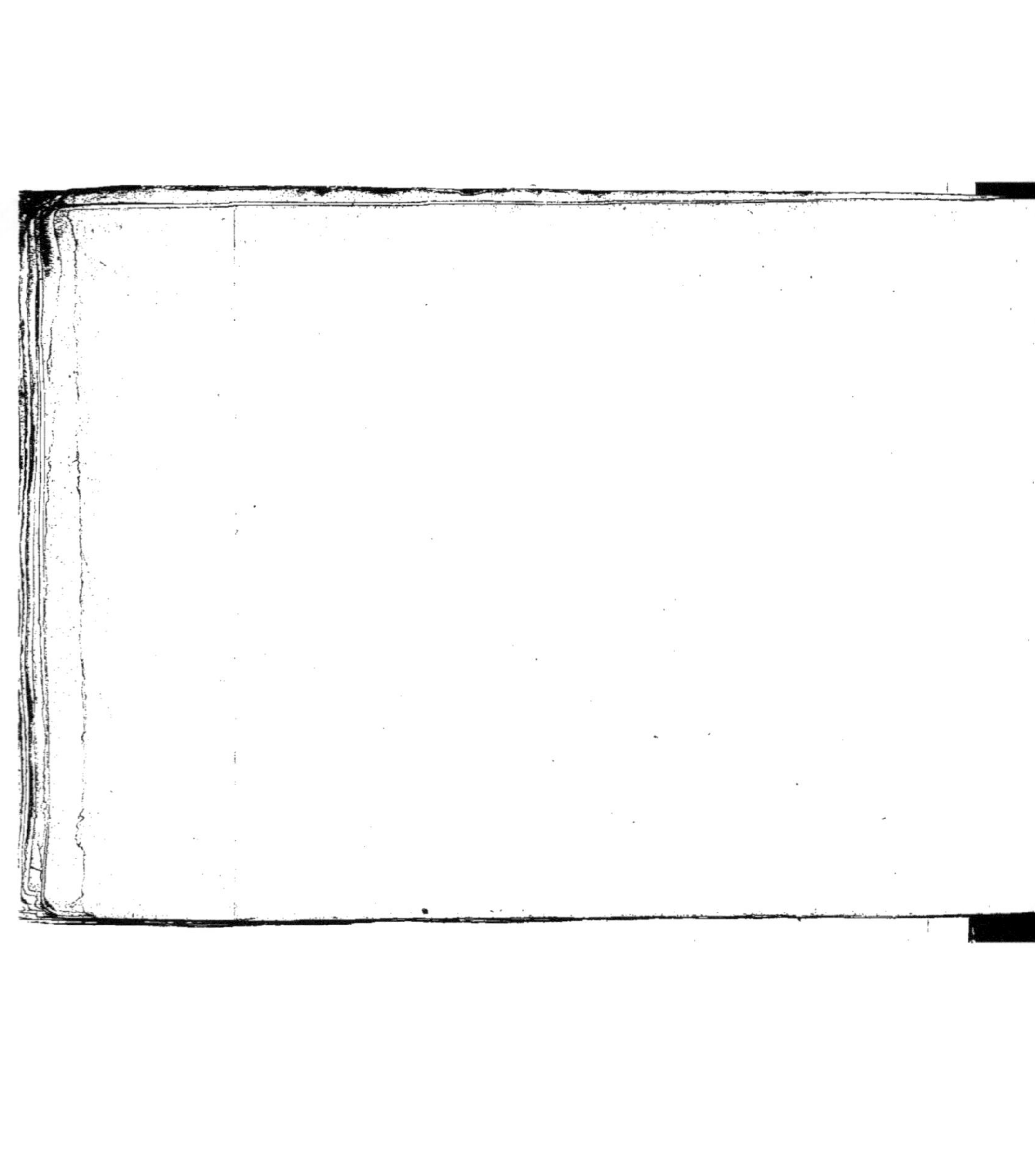

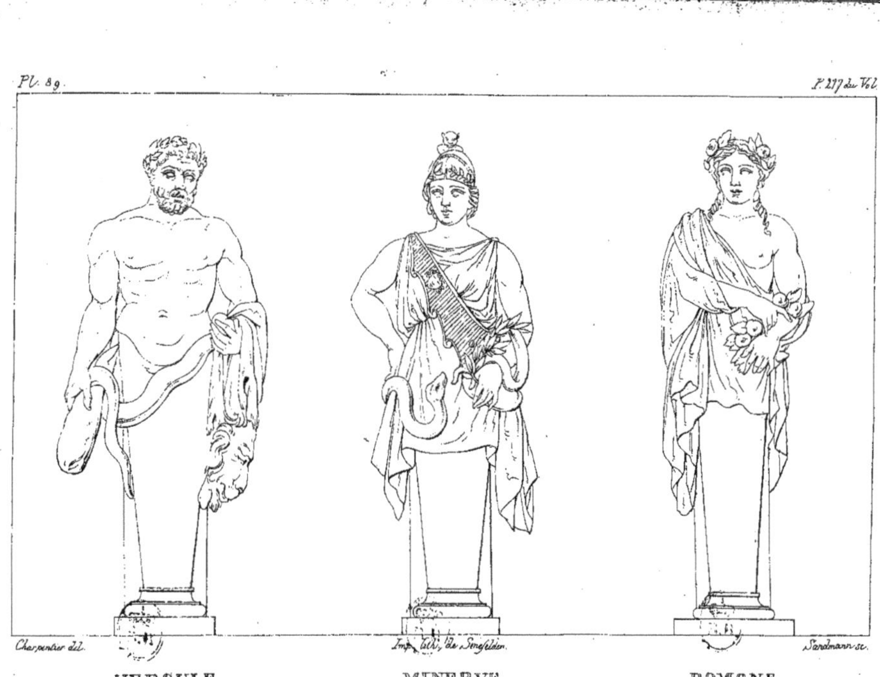
HERCULE.
MINERVE.
POMONE.

Pl. 90.
P. 217 du Vol.

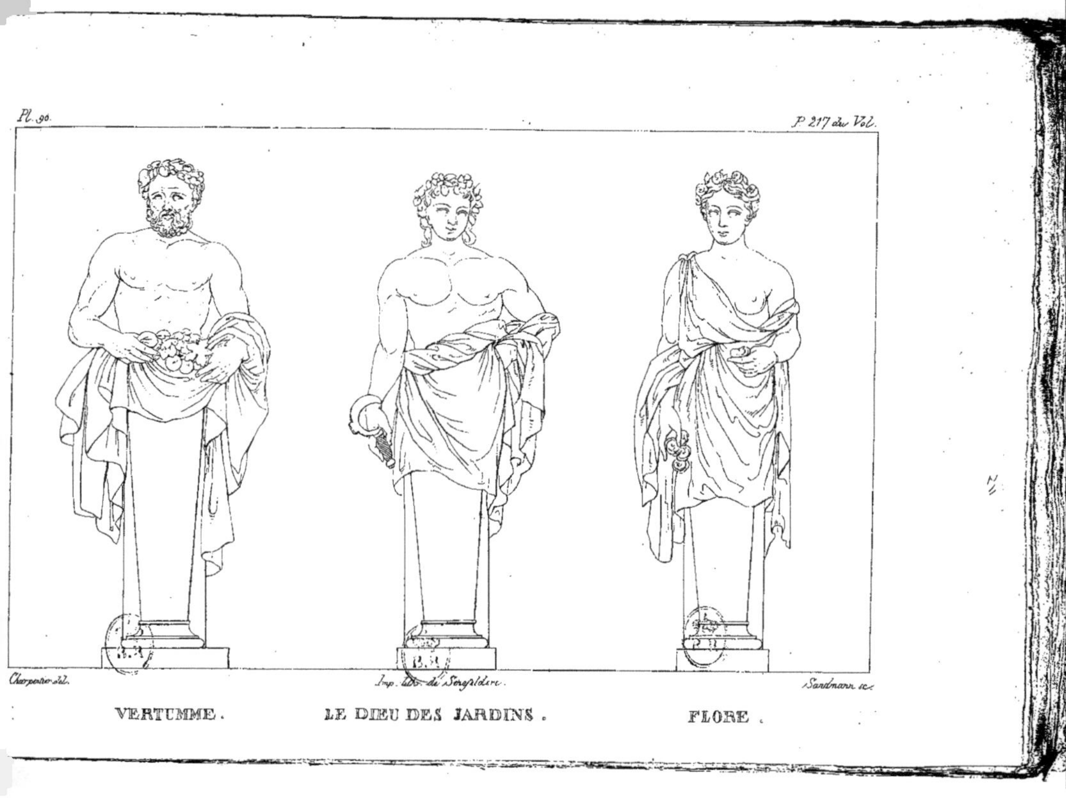
Charpentier del.
Imp. lith. de Bergeldere.
Sandmann sc.
VERTUMME.
LE DIEU DES JARDINS.
FLORE.

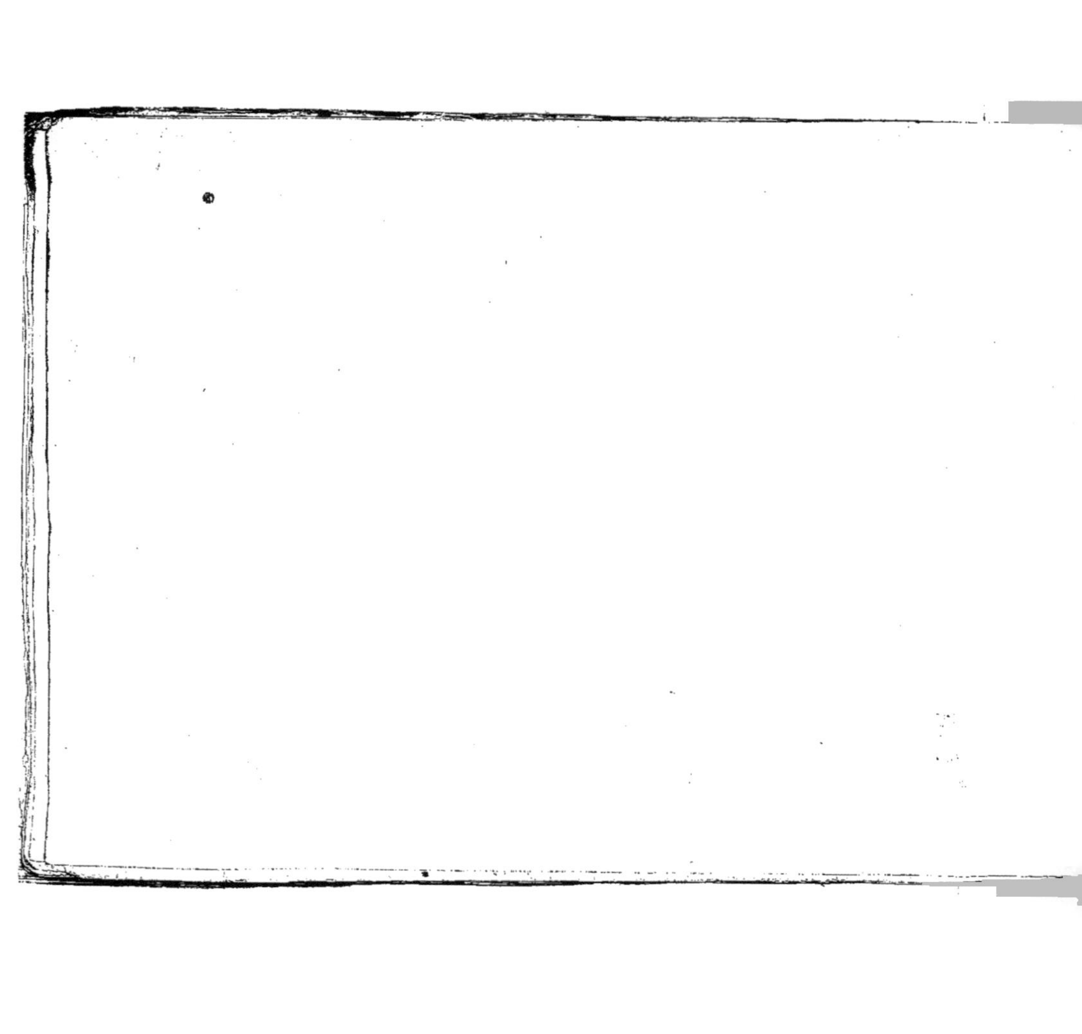

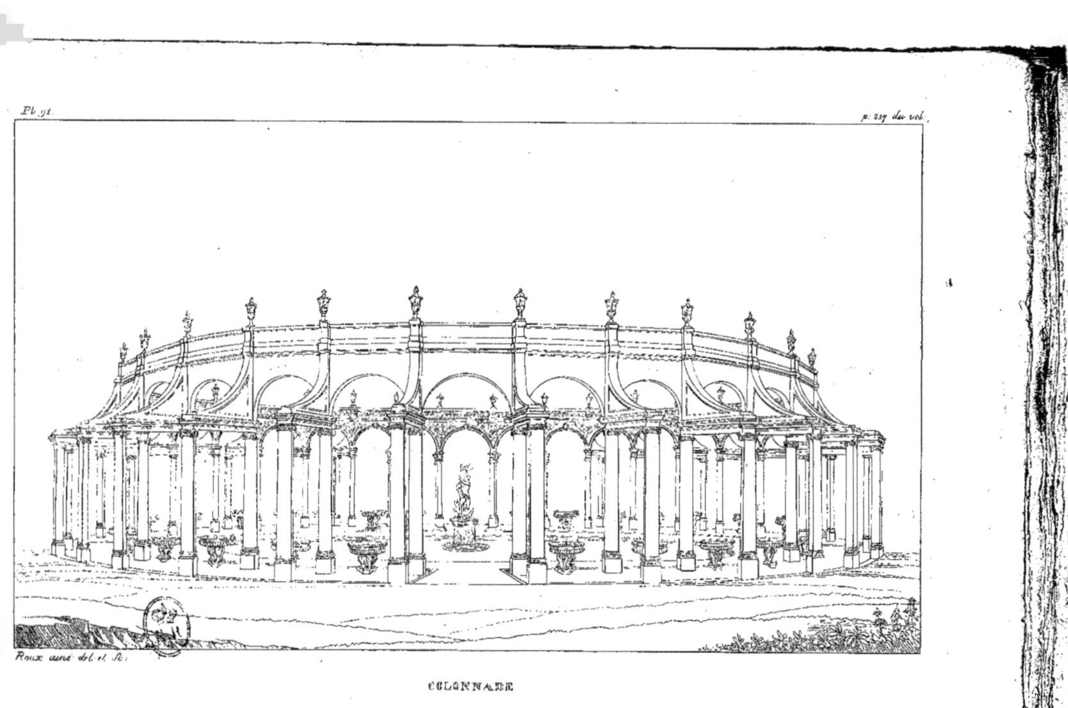

Roux ainé del. et Sc.

COLONNADE

Pointeb du Portail del.   C Girardet Sc.

ENLÈVEMENT de PROSERPINE

M. AURÈLE
APOLLON
OTHON
ALEXANDRE
Charpentier del.
Imp. lith. de Senefelder
Sandmann sc.

ANTINOÜS.

Charpentier del.

lith. de Schröder.

Nordmann sc.

UNE NYMPHE DE DIANE.   FLORE.

ARION .   AMPHITRITE .

INO.   LE POINT DU JOUR.

Pl. 98.
P. 223 du VI.
Pourtal du Portail del.
Imp. lith. de Senefelder.
Sandmann sc.
GALATHÉE .
ACIS .

Peintet du Portail del.   C. Girardet Sc.

ENCELADE.

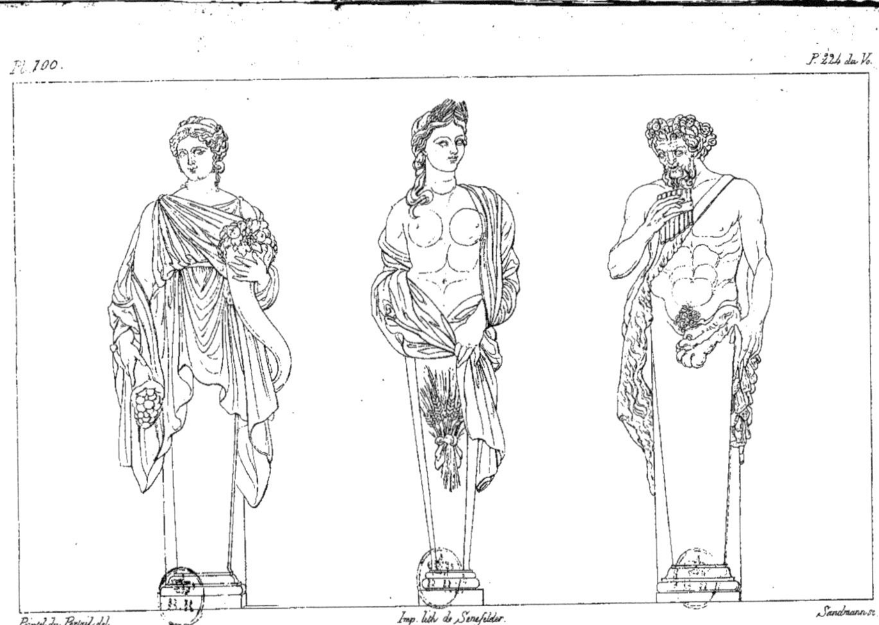

L'ABONDANCE.

CÉRÈS.

SATYRE,
jouant de la Syringe

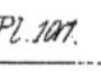

FLORE .

L'HIVER .

FAUNE ,
Antique

ROCHER DES BAINS D'APOLLON.

Imp. Lith. de Senefelder

APOLLON CHEZ THÉTIS.

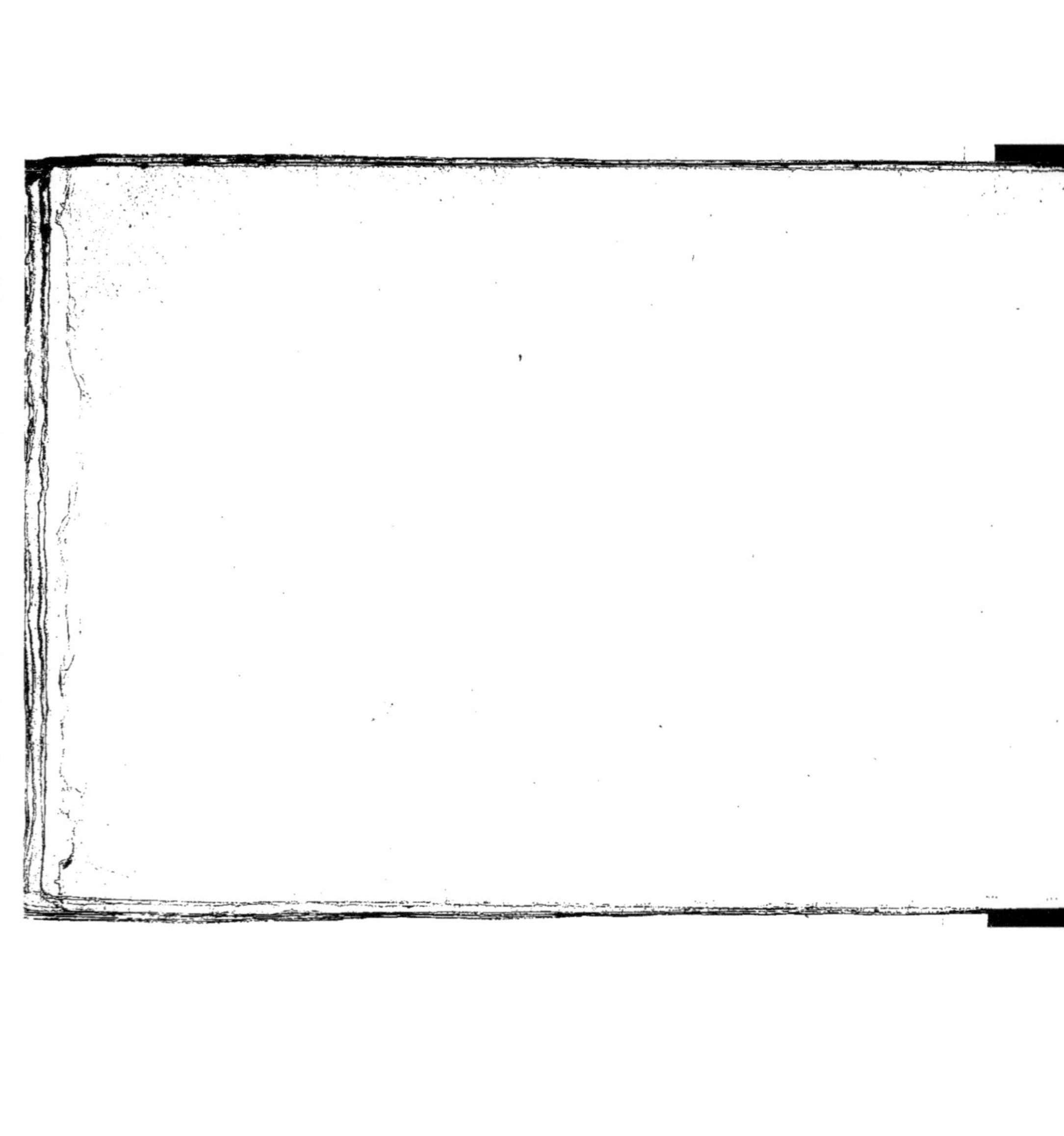

Vinchon del Portrail del.

C. Girardet Sc.

CHEVAUX DU SOLEIL.

CHEVAUX DU SOLEIL.

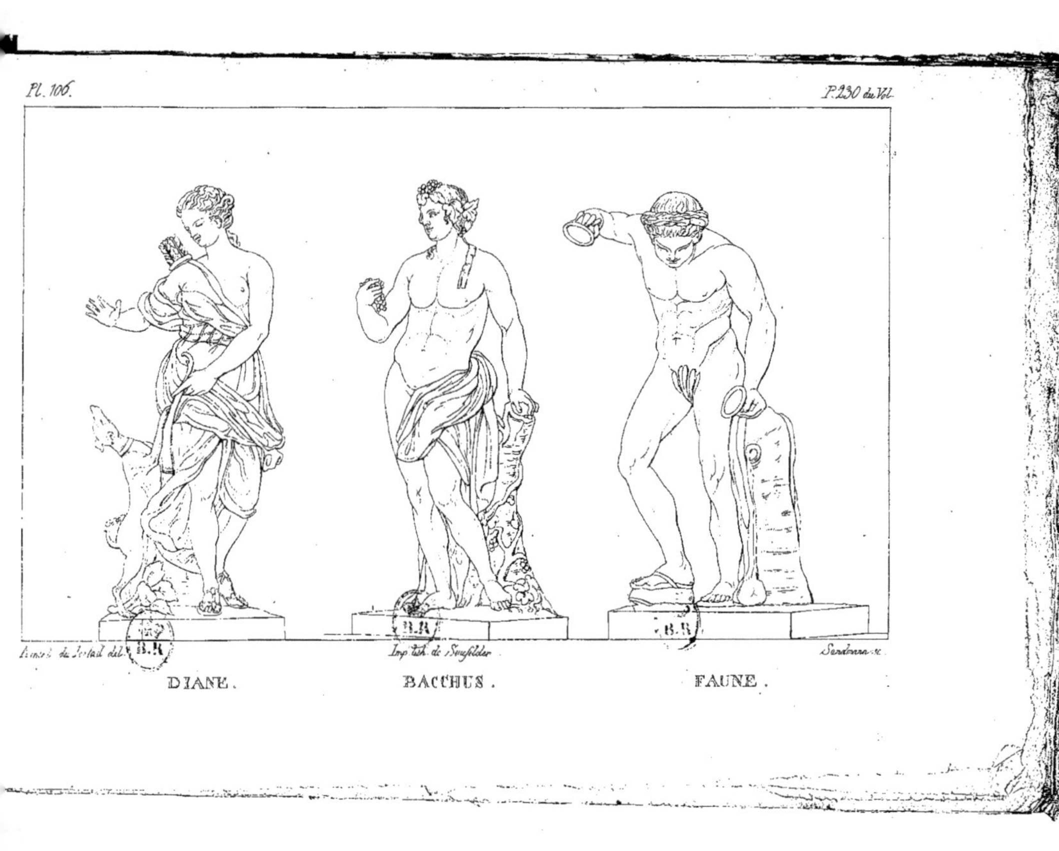

DIANE.   BACCHUS.   FAUNE.

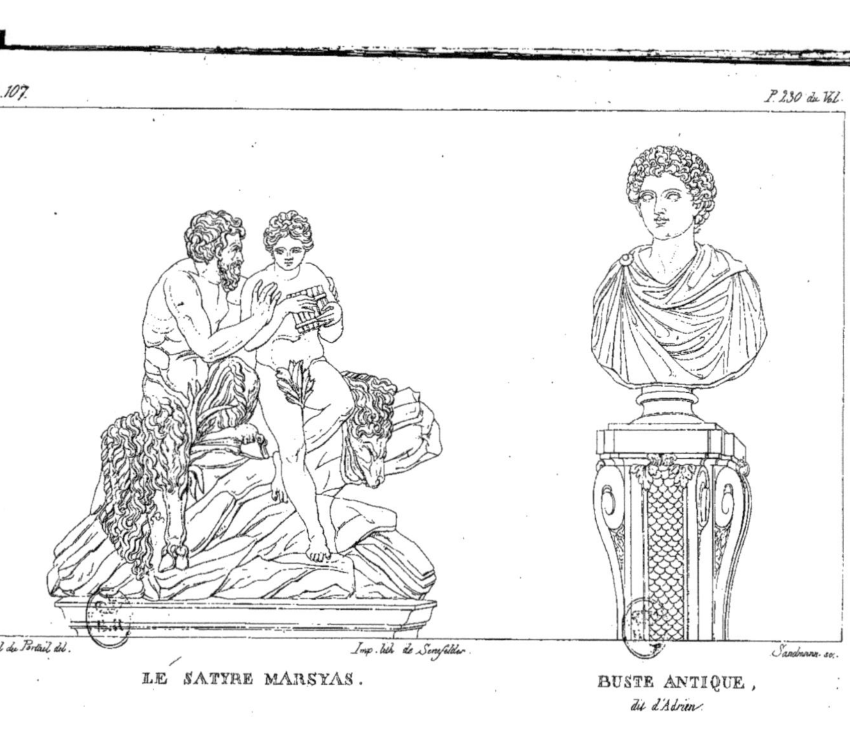

LE SATYRE MARSYAS.   BUSTE ANTIQUE,
                                        dit d'Adrien.

Pointel du Portail del:

C. Girardet Sc.

GROUPE
du Bassin des Enfans.

Pointel du Portail del.
APOLLON.
MERCURE.
C. Girardet Sc.

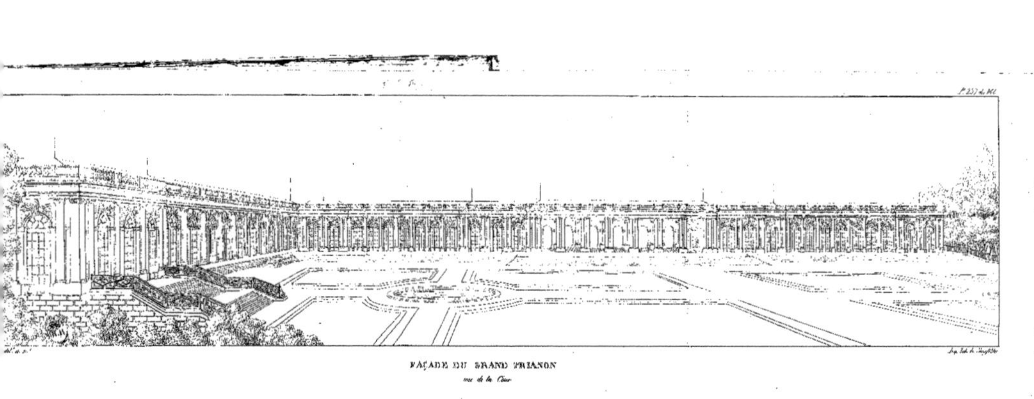

FAÇADE DU GRAND TRIANON
vue de la Cour

FAÇADE DU PETIT TRIANON.

TEMPLE DE L'AMOUR.

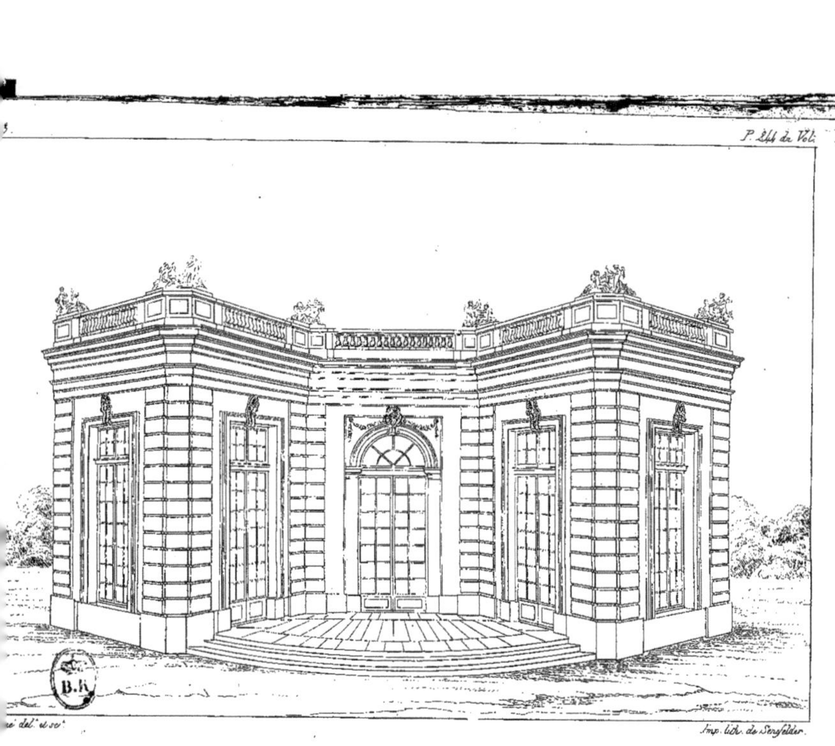

SALON DE MUSIQUE.

HAMEAU DE TRIANON.

TOUR DE MALBOROUGH.

SALLE À MANGER D'ÉTÉ.

LAOCOON.

BUSTES ET COLONNE DE
l'Amphithéâtre de Pouzzoles

NYMPHES
du Bassin de l'Amphithéâtre

GROUPE
du Bassin du rond d'eau.

O. Girardet Sc.

CASCADE DE TRIANON.

Imp. de Senefelder.

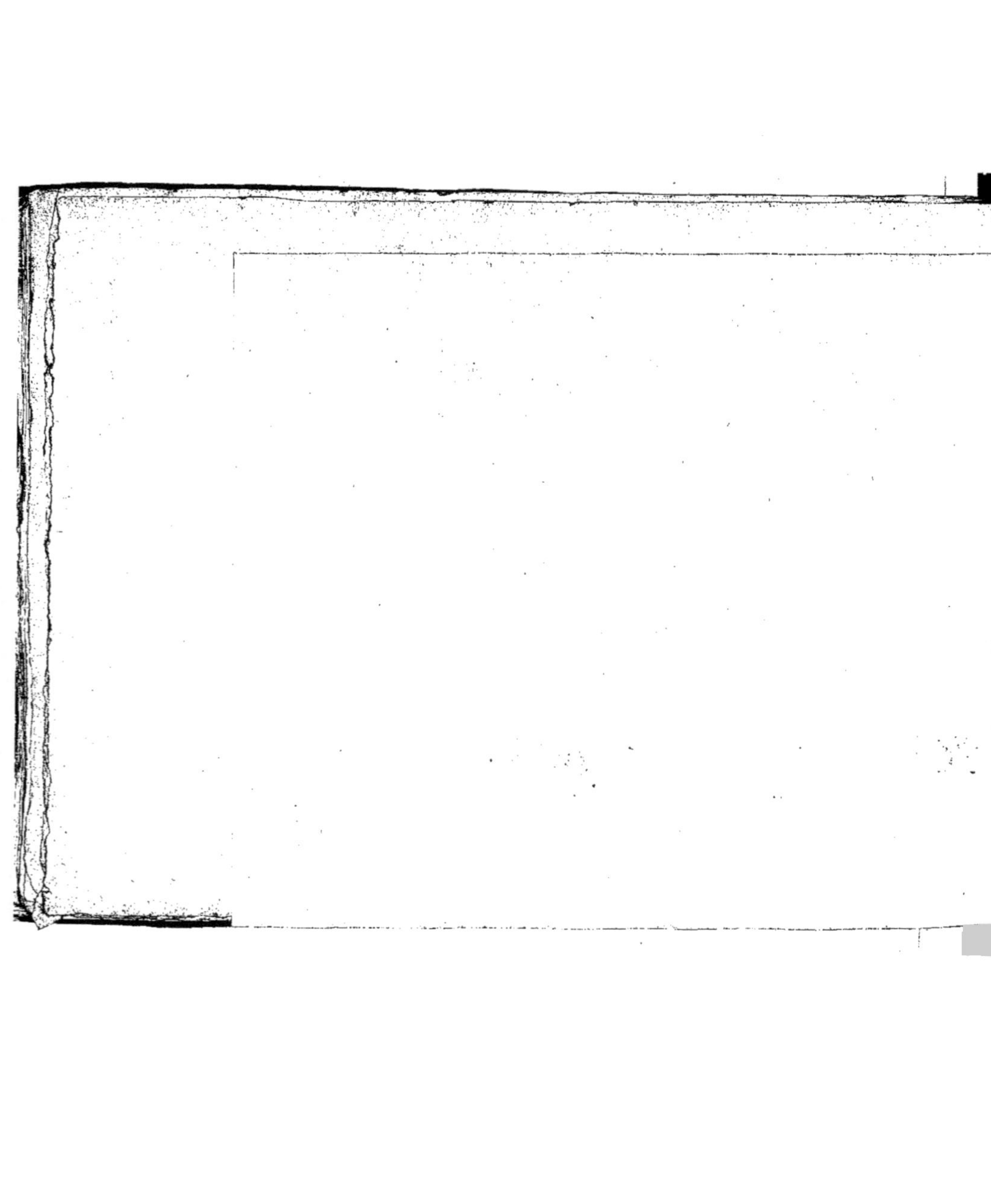

LOUIS XV.

MARIE LECZINSKA
épouse de Louis XV

GROUPES ET DRAGON
du Bassin du Miroir.

Pénel du Portail del.   Imp. lith. de Senefelder.

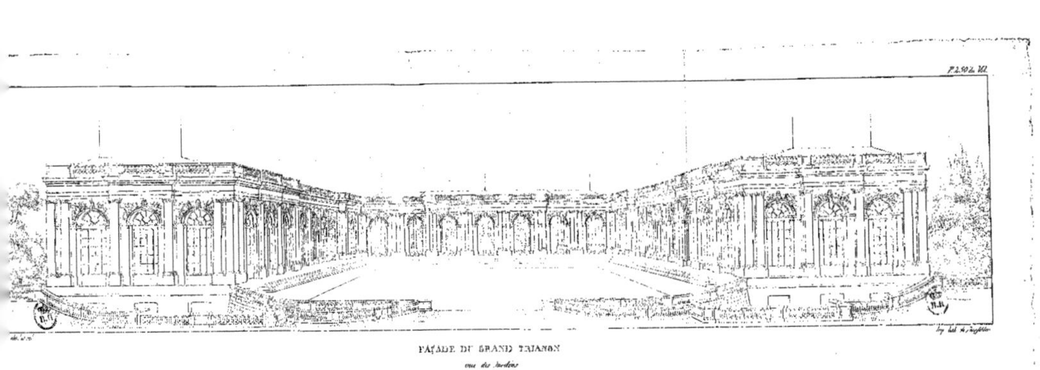

FAÇADE DU GRAND TRIANON

vue des jardins